王国才 ◎ 编著

商事案件

典型问题审判指引

中国法制出版社
CHINA LEGAL PUBLISHING HOUSE

前　言

　　审判执行工作是法官的主责主业，案例分析则是法官核心业务能力的重要体现，是针对裁判文书的进一步释法说理。从事商事审判工作八年多来，笔者一直关注传统商事领域的理论发展和审判实践难点，并为此做了一定的思考。笔者深知，法律不是空洞的教条而是活生生的现实，把活生生的社会生活总结为法律事实，进而准确适用法律规则进行裁判，能够让人民群众感受到案件裁判蕴含的公平正义。这不仅考验法官的抽象总结能力、逻辑思维能力，更考验法官的价值追求和共情能力。

　　本书探讨的案例原型均为作者承办的真实案件，并在该基础上进行了编辑加工。内容涉及近些年来民法典合同编、公司法以及仲裁法审判实践领域的疑难问题和热点问题。其中有3件案件被评为本院大要案、5件案件入选《中国法院年度案例》、1件案件入选北京市法院参阅案例并被评为最高人民法院指导性案例、14件案件被媒体刊载。本书中对这些案例的精析不仅可以成为法官办案的参谋助手，也可以成为律师等实务人士的工作指南。

　　限于作者的能力水平，书中所表达的观点难免存在值得商榷的地方甚至错误，欢迎读者批评指正。

王国才

于北京市第二中级人民法院

2023 年 11 月

目 录
Contents

第一编　合同编

第二编　公司编

第三编　仲裁编

第一编　合同编

第一章　合同订立有关问题

一、合理运用经验法则认定亲属间借贷关系

【关键词】 亲属　借贷　经验法则

【裁判规则】

> 发生在亲属间（包括恋人）的借贷案件，应坚持"谁主张、谁举证"的基本原则，合理运用经验法则判断当事人陈述的真伪，对不符合社会公序良俗和一般社会常识的陈述不应认定为法律事实。

【基本事实】①

徐某与赵某系母子关系，赵某与石某是夫妻关系。2007 年，赵某与石某开始租房同居。2009 年 6 月 5 日，徐某汇款 10 万元给石某。2009 年 12 月 3 日，赵某与石某登记结婚。2011 年 6 月石某起诉离婚，后撤诉，双方现已分居。2012 年 2 月，徐某起诉要求石某偿还借款 10 万元并承担本案诉讼费用。在庭审中徐某声称借款时不知道石某与赵某的恋人关系，赵某介绍石某时说石某是其同事，石某家里盖房子需要用钱，徐某同情石某才把未到期的存折提前支取，在银行外把钱给

---

① 本书案例为作者根据真实案件进行的改编，为具体说明相关法律问题，编辑加工而得。

了石某。赵某和石某结婚至今她都不知道。赵某一审作证时陈述：石某第一次借钱时徐某说没有名分不能借，后来同情她才借的；二审庭审的时候又换了另一种说法。石某辩称：10 万元系徐某给自己和赵某结婚的费用，该笔钱是彩礼性质，且已用于准备婚礼的花费上，双方不存在民间借贷关系。再者，当初家里盖房子，父母出了 30 万元，根本不需要借钱。另外，徐某也从来没有向其要过所谓的 10 万元借款。二审中徐某申请赵某的同事出庭作证，证明石某曾对同事说从徐某处借钱用于家里盖房。一审法院认为徐某没有提供充分证据证明与石某之间存在民间借贷关系，裁定驳回了徐某的起诉。后徐某上诉，二审法院经审理维持了一审裁定。

【观点分歧】

观点一：徐某提供了转账凭据和证人证言，应认定其与石某之间存在民间借贷关系，石某认为徐某转给其的 10 万元是与赵某结婚的费用，是彩礼性质，对此应承担举证责任。

观点二：徐某主张该笔款项是借款，应对此承担举证责任，本案属于发生在亲属间的借款，应对款项的流转过程、形成过程、催要过程等方面重点进行审查。应充分运用经验法则，综合考虑案件情况以及中国男婚女嫁的民情风俗等实际情况来认定双方之间的法律关系。

【裁判理由】

北京市朝阳区人民法院一审裁定认为：徐某与赵某系母子关系。2007年，赵某与石某开始租房同居。2009 年 6 月 5 日，徐某汇款 10 万元给石某。2009 年 12 月 3 日，赵某与石某登记结婚。徐某以民间借贷为由起诉石某，但是双方之间并无书面借据，徐某亦未提交催要证据。石某提交了租房、装修、购买家具、家电等票据，综合考虑 2007 年石某与徐某之子赵某开始租房同居，且徐某汇款后 6 个月内石某与徐某之子赵某即领取了结婚证书，以及中国男婚女嫁的民情风俗等；现有证据无法证明徐某与石某之间存在借贷关系，故徐某以民间借贷为由起诉石某，依据不足。裁定驳回徐某的起诉。①

徐某不服一审法院裁定，向北京市第二中级人民法院提起上诉。

北京市第二中级人民法院二审裁定认为：《最高人民法院关于民事诉讼证据的若干规定》（2001 年）（现已修改）第二条②规定："当事人对自己提出的诉讼请求所依据的事实或者反驳对方诉讼请求所依据的事实有责任提供证据加以证明。没有证据或者证据不足以证明当事人的事实主张的，由负有举证责任的当事人承担不利后果。"徐某主张该笔款项是借款，应对此承担举证责任，其在一审、二审审理过程中对于借款的流转过程、形成过程、催要过程的表述存在前后矛盾，不符合常理之处，证人赵某证言在一审及二审中也存在前后不一致的情况，证人崔某的证言也不能充分证明徐某与石某之间存在借贷关系。因此，徐某未提供充分证据证明自己与石某之间存在借贷的法律关系，现以民间借贷纠纷为由起诉石某，依据不足。裁定驳回上诉，维持原裁定。

【法官评析】

一、亲属间民间借贷的特点

发生在亲属间的民间借贷案件是较难以认定的民间借贷案件，不仅是当事人之间情绪对立严重，言语冲突激烈，而且此类案件再审压力较大。笔者对此类民间借贷案件进行了梳理，发现存在如下主要特点：

（一）亲人反目、事实查清难。由于当事人之间存在某种亲属关系，并且借钱的时候关系是比较融洽的，证明借贷关系成立的证据较少留存。关系破裂诉诸法院后，双方陈述的事实差别很大，在没有直接证据的情况下，客

---

① 选择该案的主要原因在于司法实践中曾经对此类案件裁定驳回还是判决驳回存在较大争议。该案的处理结果恰恰反映了当时的这个争议，具有一定的历史参照价值。一般来说，当事人的起诉只要符合提起诉讼的形式要件，就不能以裁定驳回起诉的方式剥夺当事人的诉权。而应通过判决的方式对当事人主张的实体权利进行处理。

② 该条已被《最高人民法院关于适用〈中华人民共和国民事诉讼法〉的解释》（2022年）第九十条所吸纳。

观事实很难查清。

（二）证人证言可信度不高、证明力较小。该类案件中出庭作证的证人往往与双方都熟悉，不愿意出庭作证，所表达的内容也较为模糊，对查清案件事实帮助不大；有的证人有明显的倾向性。考虑到证人与当事人之间的利害关系，证人证言采信率不高。

（三）对立情绪大、案结事了难。这类案件的当事人双方在诉讼中对立情绪较大，双方矛盾激化，甚至势同水火，案件的调解难度很大。判决后，败诉方也很难服判。

二、经验法则在事实真伪不明时的重要作用

由于该类借贷案件发生在亲属（存在较为亲密关系的，如恋人关系也在本文讨论之中）之间，直接证据往往较为单一，主要是借条、欠条或者银行转账凭证，此外就是当事人之间的陈述。虽偶有证人出庭作证，但对查清案件事实作用也不大。因此，此类案件法律事实的认定往往要凭借法官的心证，要使法律事实最大限度地接近客观事实，经验法则、生活常识在案件处理中发挥着重大的作用。《最高人民法院关于民事诉讼证据的若干规定》（2019年）第八十五条①赋予了法官运用经验法则来认定证据的权力。所谓经验法则，是指人们从生活经验中归纳获得的关于事物因果关系或属性状态的法则或知识。构成日常经验法则的要素包括：其一，所依的生活经验必须是日常生活中反复发生的常态现象；其二，这种生活经验必须为社会常人所能体察和感受；其三，这种经验法则所依据的生活经验是人们在长期生产、生活以及科学实验中所形成的一种理性认识，是不证自明的。证据法上的经验法则是法官依照日常生活中所形成的反映事物之间内在必然联系的事理作为认定

---

① 《最高人民法院关于民事诉讼证据的若干规定》（2019年）第八十五条第二款规定："审判人员应当依照法定程序，全面、客观地审核证据，依据法律的规定，遵循法官职业道德，运用逻辑推理和日常生活经验，对证据有无证明力和证明力大小独立进行判断，并公开判断的理由和结果。"

待证事实的根据的有关规则。它是法官结合日常生活中亲身经历所领悟的或者借助相关信息资料而取得的知识，对有关事物的因果关系或者一般形态进行归纳，得出对案件事实判断起作用的理性认识。

在审判实践中，日常生活经验对于认定事实和适用法律方面发挥着重要的作用，主要表现在以下五个方面，即决定诉讼证据与案件的待证事实之间有客观联系；决定证据的可采性；发挥证据间的推理作用，减轻当事人的举证责任；有利于法官正确地理解和适用法律；有利于法官正确认定事实，公正作出裁判。笔者认为，处理亲属间借贷案件要充分运用经验法则对证据进行认证，从而认定法律事实，最终对案件作出裁判。具体讲可分两种情形：一是亲属间借贷有借条或者是欠条的情况。应首先审查借条或者欠条的真实性，如若真实，可认定借条或者欠条的证据效力。这时应由主张借款关系不存在或者存在其他法律关系的人承担举证责任。二是借条或欠条不存在的情况下，应把主要的举证责任分配给主张借款关系存在的一方，由其对自己的主张提供证据，对借款的形成、借款的过程、借款的用途等进行严格的审查，在审查时要充分考虑到双方的亲属关系，运用生活常识和经验法则，判断当事人陈述的真伪。①

三、经验法则在案件中的实践运用

就本案来讲，徐某和石某之间不存在借条这一直接证据，徐某应对借贷关系成立承担举证责任。在案件审理中，我们发现徐某陈述的事实很多不符合常理：一是其子赵某与石某同居多年，她根本不知道两人的同居关系，赵某也没有对她提起过，到现在也不知道二人已经结婚。根据日常经验法则，除非母子关系破裂，否则作为母亲不可能对儿子的终身大事不闻不问，不可能对儿子的行踪漠不关心。作为儿子结婚都没告诉母亲，也是很难想象的。

---

① 此处的分情况讨论和《最高人民法院关于审理民间借贷案件适用法律若干问题的规定》（2020 年修正）第十四条、第十五条的规定的精神相一致。

二是一审、二审中徐某对借款的流转过程、形成过程、催要过程的表述存在前后矛盾，只对钱款的支付过程记得较为清楚。三是徐某主张借钱给石某用于石某家建房，但当时石某家刚刚获得了大笔拆迁补偿款。四是赵某一审陈述当初石某向其母亲借钱时，其母亲说没名分不能借，二审又说是他母亲同情石某才借的，赵某的陈述前后矛盾，其没有作出合理解释。五是2009年6月徐某支付款项，同年12月石某与赵某领了结婚证，现在石某与赵某已分居，徐某在此种情况下起诉石某借款不还，存在疑点。

在现实生活中，常有长辈赠予子女金钱资助其购房、购车或成婚之用，而当子女婚姻关系有变化时，长辈改变说法称赠予关系为借贷关系的现象大量存在。本案中，徐某向石某转款发生在其子与石某结婚前半年，而双方分居后，徐某起诉要求石某归还借款。徐某主张该笔款项是借款，但其缺乏证明借贷关系存在的直接证据如借条、欠条等。其在一审、二审审理过程中对于借款的流转过程、形成过程、催要过程的陈述不仅前后矛盾，亦存在诸多不合常理之处。证人赵某证言也存在前后不一致的情况。法院经审理认为，徐某以民间借贷纠纷为由起诉石某，证据不足，最终没有支持徐某的主张。

总之，法官在亲属间民间借贷案件的审理中，应当从案件的特点出发，充分运用日常生活经验，使认证结果尽可能与人们的日常生活经验不相悖，进而增强判决的社会可接受度。

二、欠（借）条在大额民间借贷案件中的司法认定

【关键词】 借条　借贷　举证责任

【裁判规则】

> 欠（借）条在传统民间借贷中具有较为优势的证明效力，但在投资性质或者大额民间借贷案件中，要进一步调查借款人的出借能力及贷款人的还款能力、借贷的起因及用途、出借人交付的时间和地点以及交付的形式，综合考量债权债务人之间的关系、交易习惯以及证人的证言可信度等因素予以认定当事人之间是否存在民间借贷关系。

【基本事实】

2013 年 1 月 9 日，石某某在一份借条上签字，借条主要载明：石某某向周某某所借 600000 元现金，必须在 2013 年 12 月一起还清，今日立字为据。借条除签字外，其余内容均为周某某所写。周某某主张石某某从 2011 年起两年内陆续向其借款七八次，总计 600000 元，每次都是现金给付。2013 年 1 月 9 日，石某某承诺 2013 年 12 月还清但至今未还，周某某因此提起诉讼，要求石某某偿还借款并给付利息。石某某辩称，自己从未向周某某借款，其有稳定的经济来源；周某某之子张某某尚欠其数百万元。石某某另称，借条上的签字不是自己所签，况且之前双方关系良好时准备把小卖部转给周某某，曾出具有签字的空白文件且落款时间周某某与石某某并未见面。周某某单凭借条不能证明双方之间的借贷关系成立。案件审理中，有三名证人出具证言，大意为"2015 年 1 月 9 日中午，石某某与三位证人及几个朋友一起吃饭，饭后石某某与李某某一起回家，直到天黑李某某才离开，其间没有见到周某某"。

【观点分歧】

目前，对于欠（借）条在民间借贷案件中的证据效力主要有以下观点：

观点一：欠（借）条是书证，在必要时也可以成为物证，它的效力优于其他的证据；况且根据一般生活常识，如果双方不存在事实上的借贷关系，借款人也不会随便给借条持有人出具借条，在借款人没有相反的证据足以推翻借条效力的前提下，借条持有人胜诉。

观点二：民间借贷是实践性合同，要证明借贷关系的成立，不能仅凭一张欠（借）条就加以认定，原告还要证明其确已支付了借款。因为，现实中存在很多借款人已经还款但没有要回借条的情况，也存在被人强迫打欠（借）条等特殊情况，单凭一张欠（借）条不能证明借贷关系的成立，原告没有完成举证责任。

观点三：民间借贷案件的借贷事实发生非常复杂，情况各不相同。在审理中，要将欠（借）条和其他证据结合起来审慎地认定，具体案件具体分析。尤其是原、被告双方和证人的证言存在诸多矛盾的时候，要进一步调查借款人的出借能力及贷款人的还款能力、借贷的起因及用途、出借人交付的时间和地点以及交付的形式，综合考量债权债务人之间的关系、交易习惯以及证人的证言可信度等因素予以认定。民间借贷是实践性合同，原告应当就履行了"提供借款"义务承担举证责任，被告否认借款事实或主张已经将债务偿还的，应对相应的事实承担举证责任。

【裁判理由】

北京市丰台区法院一审判决认为：

本案争议焦点在于双方之间是否存在借贷关系，是否有借贷事实发生。一审法院结合本案双方提交证据从以下几个方面对上述焦点予以认定：首先，周某某在起诉书中称自 2009 年起借款，庭审中改称自 2010 年底开始借款，上述陈述有明显差异，且周某某完全无法说出任何一次借款的时间及金额。

其次，周某某主张 600000 元系分几次现金出借，依据其提交的银行账户资料显示，周某某的账户内在 2009 年 3 月确有 1500000 元存入，但在 2009 年 4 月已经取出，此时距周某某所述借款时间尚早，而之后该账户内余额始终不足 150000 元，且无法显示曾大额取现用于履行出借行为，故在现有证据下，一审法院难以认定周某某有实际的出借行为。同时，从石某某账户信息来看，其账户内于 2011 年初转入近 1000000 元，且至 2012 年 11 月即周某某所述借款时间结束时上述款项仍在账户内。再次，周某某认可借条全文除签字外，其余内容均为周某某所写，证明力相对较低。最后，借条上的落款时间为 2013 年 1 月 9 日，周某某称是午饭时所写，但石某某申请出庭的三个证人均证实中午周某某与石某某并未相见，而上述证人的证言之间基本一致，无明显矛盾。综上，一审法院综合考虑本案具体情节后认为仅凭借条尚难以认定借贷事实的存在。判决驳回周某某的诉讼请求。

周某某不服一审判决，向北京市第二中级人民法院提起上诉。

北京市第二中级人民法院二审判决认为：

本案的争议焦点为双方当事人之间是否存在借贷事实。周某某向法院提交涉案借条及王某的证言，拟证明本案借贷事实的存在。但从内容上看，涉案借条是石某某对其相关义务的确认，却是由周某某来书写；石某某在另案中否认签署该借条并申请鉴定，石某某的签字系经过有关部门所作司法鉴定才得以确认；周某某称其将借条与现金存于家中，石某某将现金与借条一并偷走，周某某才要求石某某出具了涉案借条。然该借条中虽提及丢失现金一事，却未提及丢失借条。

鉴于借条存在上述疑点，故法院在审查周某某与石某某之间是否存在借贷关系时，应综合交付凭证、支付能力、交易习惯、借贷金额的大小、当事人间关系以及当事人陈述的交易细节经过等因素，审慎判断。对此法院判断如下：首先，周某某称其以现金形式向石某某出借款项，但其并未向本院提供收条等交付凭证予以证明；其次，周某某不能说明任何一次借款的时间和金额；再次，周某某述称的曾多次找石某某催还借款的事实，亦无证据予以印证；最后，石某某在诉讼中证明其银行账户内存有其亲戚张凤某的拆迁补偿款近1000000元。因该款存于石某某账户内，故石某某具备借取该笔款项的便利条件，但在周某某主张发生借款的期间内，石某某一直未借取该笔款项，而是向周某某借款，此与常理不符。鉴于上述存疑之处，故周某某需进一步提供证据证明双方当事人之间存在借贷事实。周某某虽提供王某证言佐证其主张，但考虑到王某系周某某合作伙伴，仅凭其证言不足以证明涉案借条的真实性。综合本案现有证据，本院难以认定双方之间借贷事实的存在，一审判决驳回周某某的诉讼请求并无不当。

【法官评析】

一、民间借贷的形势和特点分析

民间借贷有段时期呈现出较为活跃的态势，笔者认为有如下几个方面的原因：一是追求资本逐利的心理效应。由于近年股市、楼市的实际情况，越来越多的资金从中撤出，民间借贷渐渐成了居民新的"投资渠道"。二是从众效应的负面影响。实践中，民间资本借贷月息回报普遍较高。最先进入该行的放贷人获得了巨额收益，进而吸引更多的资金蜂拥而入，甚至有些银行、上市公司、生产型企业也投身其中。三是房地产、矿业等行业资金需求量大。不少规模较小的房地产企业资金链趋紧；另外前些年矿产行业高速发展，也急需大量资金的注入。这两个行业的一冷一热也使民间资本借贷空间迅速扩大。四是小企业融资困难。全球经济不景气，出口减少，小企业经营情况不乐观，其有意愿通过民间借贷完成融资。这也是造成民间资本借贷大量需求的重要原因。

相对于传统民间借贷而言，目前民间借贷的形式发生了巨大变化。笔者通过比对民间借贷案件在主体、用途、法律关系复杂性等方面的不同，认为民间借贷大致可分为两种，一种为传统民间借贷，另一种为民间资本借贷。

传统民间借贷的当事人之间往往具有特殊的人身关系，一般多发生在熟人、亲友之间，建立在血脉之情、朋友情谊、熟人信任、老乡之间的情感基础上；现在的民间资本借贷关系中往往会有担保人，有的甚至担保公司或违法地下钱庄就参与其中。传统民间借贷往往具有救急的功能，比如说购房、升学、治病等；民间资本借贷，具有极大的资本性质，当事人都以营利为目的，借贷人借贷用于投资，出借人往往以获得高额的利息为目的。传统民间借贷法律关系较为简单，往往都是民法中的债权债务关系，当事人往往只涉及出借人和借贷人；而民间资本借贷法律关系较为复杂，不仅有债权债务关系、商事担保关系，还涉及国家的金融政策法规等。传统的民间借贷往往涉及的金额不高；而民间资本借贷数额一般上万元，甚至几十万元、上百万元。

正是由于民间借贷的形式发生巨大变化，其中蕴含的风险也快速增长。据相关媒体报道，以贷款为主业的担保公司的钱不是自己的，基本都是从民间借来的，一般是普通家庭把钱交给中间人，中间人再把钱交给公司，是层层上交的金字塔形式，甚至有些地方有的年逾六旬的老人都愿意将"养命钱"用来放贷。一个担保公司老板"跑路"后，成百上千个普通家庭的借款就可能会血本无归；一旦借款企业资金链断裂，还不上高额的利息，那整个利益链条也会断裂。民间资金热衷高利贷反映出当前贷款结构不合理，中小企业融资困难，房地产行业死守挣扎和矿业追逐暴利。一旦经济环境发生变化，房价价格下跌，民间高利贷极有可能爆发巨大风险，引发一系列纠纷。

二、欠（借）条在民间借贷案件中的作用

在这种经济形势下，民间借贷法律关系越来越复杂，案件事实的认定困难重重，为有效应对民间借贷疯狂背后所带来的案件压力，笔者认为最重要的就是根据民间借贷是实践性合同的特点，慎重认定欠（借）条的证据效力，谨慎认定借贷关系的成立①，具体情况可分为以下两种：

（一）传统民间借贷案件中欠（借）条具有显著的证据效力。传统民间借贷案件，数额较小，当事人之间关系较为亲密，出借人具有支付能力，如果当事人主张是现金交付，除了借条又没有其他证据的，按照民间传统借贷的交易习惯和具有的救急功能，出借人提供借条的，一般可视为其已完成了举证责任，可以认定交付借款事实存在。借款人没有相反证据可以推翻的情况下，可以认定借款事实存在，被告应当还款。

（二）民间资本借贷案件中欠（借）条要结合其他证据审慎认证。民间资本借贷数额较大，当事人借贷的目的都具有营利性，风险意识理应较强。当事人主张是现金交付，除了借条没有其他相关证据的，则需要进一步审查出借人的经济实力、借款人的偿付能力，债权债务人之间的关系、交易习惯、相关证人证言，以及借贷行为发生前、后双方的业务往来、交往联系等因素，运用逻辑推理、生活常识等，准确掌握案件事实，判断借贷行为是否真实发生。必要时传唤出借人、借款人本人到庭，陈述款项、现金交付的原因、时间、地点、支付方式②、用途等具体事实和经过，并接受对方当事人和法庭的询问。在认定交易习惯时，要充分考虑行业的特点、社会的风俗习惯、借贷的目的和当事人间的习惯性做法等因素。

---

① 原案判决是 2013 年作出的，但基本理念和现行民间借贷司法解释的理念是一致的，《最高人民法院关于审理民间借贷案件适用法律若干问题的规定》（2020 年）第十五条第一款："原告以借据、收据、欠条等债权凭证为依据提起民间借贷诉讼，被告依据基础法律关系提出抗辩或者反诉，并提供证据证明债权纠纷非民间借贷行为引起的，人民法院应当依据查明的案件事实，按照基础法律关系审理。"第十八条："人民法院审理民间借贷纠纷案件时发现有下列情形之一的，应当严格审查借贷发生的原因、时间、地点、款项来源、交付方式、款项流向以及借贷双方的关系、经济状况等事实，综合判断是否属于虚假民事诉讼：（一）出借人明显不具备出借能力……"

② 100 元新版纸币从体积计算 1 万元新钞厚度 1 厘米，长度 15.5 厘米，宽度 7.7 厘米，100 万元新钞垒砌起来大约 1 米厚。详见《第五套人民币 100 元卷简介》，载中国人民银行官网，http://www.pbc.gov.cn/goutongjiaoliu/113456/113466/113495/2851721/index.html，最后访问时间：2023 年 1 月 16 日。

三、欠（借）条在大额借贷案件中的司法运用

民间借贷案件当事人之间由于借贷关系发生前存在某种信赖关系，往往不签订书面借款合同，借款人只给出借人打一张欠（借）条作为双方借贷关系成立的凭证。但一旦双方之间产生矛盾，彼此关系恶化，借款人很可能一方矢口否认，出借人起诉到法院时也往往只有一张欠（借）条作为直接证据。在这种情况下，如何对借条进行证据认定，对案件的处理就具有决定性的作用。

根据《中华人民共和国民法典》第六百七十九条规定："自然人之间的借款合同，自贷款人提供借款时成立。"据此规定，民间借贷合同的性质是实践性合同，即借贷合同的生效应当以出借人给付钱款为条件，出借人应当就履行了"提供借款"义务承担举证责任。再根据《最高人民法院关于适用〈中华人民共和国民事诉讼法〉的解释》（2022 年）［以下简称《民事诉讼法解释》（2022 年）］第九十条规定：当事人对自己提出的诉讼请求所依据的事实或者反驳对方诉讼请求所依据的事实，应当提供证据加以证明，但法律另有规定的除外。在作出判决前，当事人未能提供证据或者证据不足以证明其事实主张的，由负有举证证明责任的当事人承担不利的后果。

本案中周某某所持有的借条的形式虽然是真实的，但由于石某某否认借款事实的存在，借条仅是借款债务成立的初步依据，借款合同成立与否还需继续举证，也就是说，周某某应当就其已经向石某某实际给付了钱款举证。[①]在案件审理过程中，周某某对于借款的陈述有诸多矛盾、有违常理之处，并且周某某对于借款时间和借款过程的描述也前后矛盾。同时，根据周某某银行账户资料显示账户内余额无法显示曾大额取现用于履行出借行为。借条上的落款时间为 2013 年 1 月 9 日，周某某称是午饭时所写，但石某某申请出庭

---

① 此处和《最高人民法院关于审理民间借贷案件适用法律若干问题的规定》（2020 年修正）第十四条、第十五条的规定的精神相一致。

的三个证人均证实中午周某某与石某某并未相见，而上述证人的证言之间基本一致，无明显矛盾。真相隐藏在案件的细节当中，二审法院综合考虑上述因素，认为周某某并没有提供证据证明自己已实际交付借款，双方的借贷关系不成立。

三、登记备案的出资额转让条款不能作为股权转让对价条款

【关键词】　股权转让　对价　无偿

【裁判规则】

> 股权转让合同纠纷中，转让人应对股权转让行为是否有偿承担举证责任。股权价格确定与股东持股比例、法人财产状况、公司潜力以及股东意志等方面密切相关；在转让人不能证明转让合同有偿的前提下，登记备案的《出资转让协议书》中当事人约定的出资额条款不能作为股权转让的对价条款。

【基本事实】

某房地产公司，注册资本 6000 万元，股东分别为某投资公司、某贸易公司、张某某。2001 年 5 月 17 日，某房地产公司形成股东会决议。该决议主要内容为：同意原股东某投资公司将其持有的本公司 4800 万元出资额中的 3500 万元转让给新股东孙某某。依据前述决议，2001 年 5 月当事人签订《出资转让协议书》，主要约定：某投资公司将其持有的某房地产公司 4800 万元出资额中的 3500 万元转让给孙某某，孙某某同意受让；孙某某因受让某投资公司的出资而成为房地产公司的新股东，并以其出资额享受相应的股东权利和履行相应的股东义务。依据前述决议、协议书，各方办理了工商变更登记。[①] 2008 年孙某某向某房地产公司提出诉讼，诉请法院判令解散某房地产公司，生效判决认为：孙某某的股东身份双方是有争议的，孙某某现以股东身份提

---

　① 根据《国务院机构改革方案》规定，2018 年 3 月，不再保留国家工商行政管理总局，组建国家市场监督总局。工商登记对应如今的市场主体登记。为尊重历史沿革，本书对案件审判时的名称予以保留，以下不另作提示。

起解散公司诉讼不适当，其应在其股东身份确定后再提起解散公司诉讼。基于前述生效裁判文书的认定，孙某某以某房地产公司为被告于2009年向北京市西城区人民法院提出诉讼，要求法院确认其股东身份。某房地产公司在该案中答辩称：……孙某某在某房地产公司自始至终均未实际出资，无偿取得了公司35%的股权。不同意其诉讼请求。经法院审理，支持了孙某某的诉讼请求。2010年5月7日，某投资公司向孙某某发函，要求孙某某支付《股权转让协议》项下的股权转让款3500万元。后某投资公司再次将孙某某诉至法院，请求判令孙某某立即向某投资公司支付股权转让款3500万元，并偿付逾期付款的利息。

【观点分歧】

观点一：某投资公司作为权利主张方，应当就其主张的股权交易的价款为3500万元负有举证责任，否则即应承担举证不能之不利法律后果。

观点二：对于股权转让合同来说，价格条款应是有偿股权转让合同成立的必要条款，缺乏价格条款，合同未成立。

观点三：股权转让合同中虽然没有约定对价条款，但在公司登记机关登记备案的合同中记载将3500万元出资额转让给孙某某，应视为双方间约定的股权转让价款为3500万元。

【裁判理由】

北京市西城区人民法院一审判决认为：

某投资公司与孙某某签订的《出资转让协议书》，系双方当事人的真实意思表示，且未违反相关法律、法规的规定，合法有效，应当受到法律的保护。本案中，某投资公司主张的所涉股权转让的对价为3500万元。某投资公司就此向法庭提交了前述《出资转让协议书》予以佐证。而通过一审法院对所涉《出资转让协议书》内容的全面审查，其上对于股权转让的对价未予约定。依照相关法律规定，当事人对自己提出的诉讼请求所依据的事实或者反驳对方诉讼请求所依据的事实有责任提供证据加以证明。没有证据或者证据不足以证明当事人的事实主张的由负有举证责任的当事人承担不利后果。因此，某投资公司作为权利主张方，显然应当就其主张的股权交易的价款为3500万元负有举证责任。否则即应承担举证不能之不利法律后果。依据某投资公司向法庭提交的相关证据材料，一审法院现无法径行认定案件所涉股权交易的价款为3500万元，故驳回某投资公司向孙某某提出的诉讼请求。

某投资公司不服一审法院判决，向北京市第二中级人民法院提起上诉。

北京市第二中级人民法院二审判决认为：

工商机关登记备案的《出资转让协议书》为工商机关印制的格式文件，其目的是到工商局办理变更登记时备案使用，不能全部反映出当事人的意思表示。本案的《出资转让协议书》从内容来看，仅为"某投资公司将其持有的某房地产公司4800万元人民币出资额中的3500万元人民币转让给孙某某，孙某某同意受让"，该约定仅涉及对所转让标的的描述，对转让价款、支付方式及时间等内容并无涉及。因此，出资额转让的条款不能作为股权转让的对价条款。对于股权转让行为来说可以是有偿的，也可以是无偿的。根据《最高人民法院关于民事诉讼证据的若干规定》，主张股权转让是有偿行为的当事人首先应对自己的有偿主张承担举证责任，在完成自己的举证责任后，对方如果主张股权转让行为是无偿的，才承担无偿主张的举证责任。本案中，某投资公司首先应对自己的有偿主张承担举证责任，在其没有完成举证责任时，孙某某对自己的无偿主张不承担举证责任。

股权是特殊的权利，其价值的衡量受多种因素的影响。股权价格确定与股东持股比例、法人财产状况、公司潜力以及股东意志等方面密切相关。对于股权转让来说，如果当事人在签订合同时没有约定股权的转让价格，法院及鉴定机构也很难在事后对当事人签订合同时的真实情况作出评判。特别是在当事人无法证明股权转让是有偿的情况下，人民法院不应启动股权价格的鉴定程序。本案中，某投资公司在没有举证证明出资转让是有偿的，并且具备鉴定条件的情况下，一审法院拒绝启动鉴定程序，并无不当。

综上，某投资公司在一、二审中没有提供充分的证据证明出资转让协议是有偿行为，也没有提供证据证明股权转让的价款为3500万元，故其上诉主张不能成立。法院判决驳回上诉，维持原判。

【法官评析】

股权转让行为是一项技术性很强的工作，尤其是股权对价的确定更是受多种因素左右。实践中，笔者认为，正确处理股权转让合同关于价格方面的争议，应主要着力解决如下四个焦点问题：一是登记备案的出资额转让条款的法律效力；二是股权转让行为是有偿的还是无偿的，举证责任应如何分配；三是股权转让价格不明情况下是否可启动鉴定程序；四是股权转让的价格条款是否为股权转让合同中的必备条款，缺乏对价条款是否将导致合同未成立。根据《民事诉讼法解释》（2022年）第九十条规定："当事人对自己提出的诉讼请求所依据的事实或者反驳对方诉讼请求所依据的事实，应当提供证据加以证明，但法律另有规定的除外。在作出判决前，当事人未能提供证据或者证据不足以证明其事实主张的，由负有举证证明责任的当事人承担不利的后果。"根据该规定，法官应在结合全案事实以及双方的诉辩意见的基础上，对前述的四个焦点问题作出相应的认定。

一、有关部门登记备案的出资额转让条款的法律效力

有关部门登记备案的《出资转让协议书》为印制的格式文件，其目的是到工商局办理变更登记时备案使用，不能全部反映出当事人的意思表示。从内容来看，仅为"某某愿意将某公司的多少元出资转让给某某；某某愿意接收某某在某公司的多少元出资"，即仅涉及对所转让股权的描述，对转让价款、支付方式及时间等内容并无涉及。因此，出资额转让的条款不能作为股权转让的对价条款。

二、股权转让是有偿行为还是无偿行为，举证责任应如何分配问题

主张股权转让合同为有偿转让的理由主要为两个：第一个是股权转让行为为商业行为，商人以追求营利为目的，在商业领域以有偿为原则，无偿为例外。第二个是从字面解释和一般常识来看，转让实际上就是买卖，买卖是有偿的，根据法律规定，股权转让合同应参照买卖合同的规定，所以股权转让合同也应是有偿的。

不过，笔者通过查询中华在线词典[①]，"转让"一词的含义是把自己的东西、合法利益或权利本身让给他人。"转让"一词从语法上来讲是一个动词，其并不包含有偿或者无偿的含义。在实践中，由于"转让"在内容上往往表现为产权、债权、资产、股权、知识产权、经营权、租赁权等，而这些转让也往往是有偿的。久而久之，人们就形成了一种潜意识、一种思维习惯，只要一提到"转让"就默认是有偿的。但应该注意到，这种思维习惯对我们审判是有害的，它极易使我们先入为主。比如，我们判断股权转让是有偿的，如果受让人主张是无偿的，我们就会把举证责任分配给受让人让其举证证明是无偿的，而不是让转让人首先证明是有偿的。诚然，对于股权转让来说，有偿转让无疑应属于股权转让的主流形态。但无偿的股权转让同样是股东行使股权处分的一种方式。股东完全可以通过赠予的方式转让其股权，股东的继承人也可以通过继承的方式取得股东的股权；或者原始股东基于其他种种原因也可以将自己名下的股权无偿转让给其他人。况且现实中还存在认缴出资但实际没有出资而获得股权的情况，认缴人有时也会将认缴的股份转让给他人认缴。

根据相关规定，主张股权转让是有偿行为的当事人首先应对自己的有偿主张承担举证责任，在完成自己的举证责任后，对方如果主张股权转让行为

---

① 参见中华在线词典网，https：//www.kegood.com/cidian5/，最后访问时间：2022年12月29日。

是无偿的，才承担无偿主张的举证责任。实践中，判断股权转让是有偿的还是无偿的，要先看合同有无约定，再看双方的举证情况。

三、股权转让对价不明情况下是否可启动鉴定程序

民事领域尊重的是实质公平，在商事领域首先应该尊重的是规则，尊重当事人的意思自治。股权是特殊的权利，既包括财产权也包括人身权，既包括自益权也包括共益权，其价值的衡量受多种因素的影响，股权价格的确定和普通商品价格的确定存在显著的差异。一般来讲，股权价格确定与股东持股比例、法人财产状况、公司潜力以及股东意志等方面密切相关。对于股权转让来说，如果当事人在签订合同时没有约定股权的转让价格，法院及鉴定机构也很难在事后对当事人签订合同时的真实情况作出评判。特别是在当事人无法证明股权转让是有偿的情况下，人民法院不应启动股权价格的鉴定程序。

四、股权转让的价格条款是否为股权转让合同中的必备条款，缺乏对价条款是否将导致合同未成立

实践中认为对价条款是股权转让必备条款的理由有两个：一是根据最高人民法院（2002）民二终字第 2 号①民事判决魏凤某与吴笑某等股份转让纠纷上诉案中，陈述了对价条款是股权转让的必备条款，缺乏对价条款股权转让合同未成立。二是股权转让是必然有偿的，转让人无须证明该合同是有偿合同。如果股权转让合同中缺乏对价条款或者对价无法确定，合同未成立。对于第一个理由，笔者认真查阅了最高人民法院（2002）民二终字第 2 号民事判决书，这个案件中有个特殊点，就是当事人各方均认可该案的股权转让合同为有偿合同，也就是说最高人民法院的案例实际上说的是有偿的股权转让合同中价格条款是必备条款，如果缺少对价合同未成立。对于第二个理由，

---

① 最高人民法院办公厅：《最高人民法院公布裁判文书（2003 年）》，人民法院出版社 2004 年版，第 164~172 页。

笔者前面已经论述过，股权转让只是行为概念，其可以是有偿也可以是无偿。无偿的转让是不需要对价条款的。《民法典》第四百七十条规定："合同的内容由当事人约定，一般包括下列条款：（一）当事人的姓名或者名称和住所；（二）标的；（三）数量；（四）质量；（五）价款或者报酬；（六）履行期限、地点和方式；（七）违约责任；（八）解决争议的方法。当事人可以参照各类合同的示范文本订立合同。"根据该规定，合同价款的缺失并不一定影响合同的成立。对于一般有偿合同来说，缺乏价格条款，可以依据当事人补充协议或者依据交易习惯等确定。但正如前所述，股权价格确定与股东持股比例、法人财产状况、公司潜力以及股东意志等方面密切相关。股权转让不存在市场价、政府指导价等合同法规定的可供参考的标准。因此，对于有偿股权转让合同来说，价格条款应是有偿股权转让合同成立的必备条款。但是，股权转让存在有偿和无偿两种形式，对于有偿的股权转让合同来说，缺乏价格条款，合同未成立。对于无偿的股权转让合同来说，价格条款不是必备条款，缺乏价格条款不导致合同未成立。

综上，笔者认为，为妥善审理股权转让合同，除适用民法典外还必须兼顾公司法的规定。首先，要查清股权转让是有偿转让还是无偿转让，由转让人承担转让是有偿举证责任，如果没有证据证明股权转让合同为有偿转让，则不能直接推断股权转让合同就为有偿转让。如果没有证据证明股权转让为有偿，不能凭在工商机关登记备案的转让协议确定转让的对价，应判决驳回原告的诉讼请求。其次，在转让人能够证明股权转让为有偿或者双方均认可股权转让为有偿的情况下，法官应重点审查能否确定股权转让的对价。实践中，判断未约定股权转让价款的股权转让协议是否成立，应以股权转让的价款能否合理确定为标准。如果股权转让协议未约定价款，亦未约定价款的确定方式，则该股权转让协议不成立；如果股权转让协议未约定价款，但约定了价款的确定方式，要判断确定价款的方式是否具体可行，如果可行并且能够确定具体的价款，则应尊重合同的有效性。如果不能确定价格，不要轻易启动鉴定评估程序①。

　　本案中，某投资公司在近十年的时间里没有向孙某某主张股权转让款，本身就不符合商业一般常识，在股权转让合同未约定对价且孙某某抗辩是无偿赠予的情况下，某投资公司首先应该对涉案的股权转让为有偿及金额举证加以证明，否则将承担举证不能的后果。

---

　　① 最高人民法院（2002）民二终字第 2 号民事判决书认为"只有经过评估机构专门评估后。公司股份的价值才能体现或者接近客观真实，在该基础上约定股份转让对价，才能体现当事人签订股份转让协议的真实意愿"。载最高人民法院办公厅：《最高人民法院公布裁判文书（2003 年）》，人民法院出版社 2004 年版，第 164~172 页。

四、格式条款中免责条款未明确说明，保险公司不能单方拒赔

【关键词】免责条款 提示说明 无效

【裁判规则】

> 相关法律对车辆和驾驶人员的强制性规定，并不能免除保险公司对保险合同格式免责条款的提示说明义务；除醉驾等极其特殊免责情形外，保险公司对保险合同格式免责条款未履行提示说明义务的，应承担相应的赔偿责任。

【基本事实】

2010 年 10 月 14 日，某保险公司为曹某出具了机动车交通事故责任强制保险单，约定：保险车辆为甲牌重型厢式半挂车，使用性质为营业货车。保险期间为自 2010 年 10 月 16 日 0 时起至 2011 年 10 月 15 日 24 时止。同日，某保险公司就上述车辆还为曹某出具了机动车商业保险单，承保的险种有：第三者责任险、机动车损失保险及不计免赔率特约条款，保险期间同前。该挂车领取机动车行驶证日期为 2010 年 10 月 19 日。

2010 年 11 月 1 日，某保险公司为曹某出具了机动车交通事故责任强制保险单，约定：保险车辆为乙牌重型半挂牵引车，使用性质为营业货车。保险期间为自 2010 年 11 月 2 日 0 时起至 2011 年 11 月 1 日 24 时止。同日，某保险公司就上述车辆还为曹某出具了机动车商业保险单，承保的险种为：第三者责任险、机动车损失保险及不计免赔率特约条款，保险期间同前。该牵引车领取机动车行驶证日期为 2010 年 11 月 19 日。

2010 年 11 月 17 日，曹某允许的司机刘某某驾驶牵引车及挂车上路，不

料挂车侧翻，造成牵引车、挂车、高架桥损坏。事故发生后，曹某及时向公安交通管理机关、某保险公司报了案。此事故，经北京市公安局怀柔分局交通大队认定，刘某某负事故的全部责任。某保险公司对事故车辆及路产损失进行了定损，分别于2010年12月20日和2011年1月4日出具定损单，然而某保险公司至今未履行给付保险金义务，故曹某请求法院判令某保险公司给付其护栏维修费40000元、吊装托运费23283元、修理费39750元，诉讼费由某保险公司承担。

【观点分歧】

观点一：依法成立的合同，受法律保护。某保险公司与曹某之间的保险合同，是双方的真实意思表示，属有效合同，双方均应依约享有权利、承担义务。保险车辆在保险期限内发生交通事故，经公安交通管理部门认定，曹某允许的合法驾驶人刘某某承担事故的全部责任，该情形属于双方约定的保险责任范围，某保险公司对三者的财产损失、修理费及施救费均未提出异议，理应依照约定予以理赔。在前述保险单成立时，保险车辆均未领取行驶证及牌照，某保险公司亦未提出异议。同时，某保险公司提交营业用汽车损失财产保险条且没有曹某的签字，不能证明保险公司尽到了免责条款的明确说明义务，应认定保险人免责条款不生效。根据保险法第十四条规定，保险合同成立后，投保人按照约定交付保险费，保险人按照约定的时间开始承担保险责任。

观点二：事故发生时，车辆无行驶证和临时牌照，属于未挂牌新车。根据《营运用汽车损失保险条款》第六条第十款规定，除另有约定外，发生事故时被保险机动车无公安机关交通管理部门核发的行驶证或号照，或未按规定检验或检验不合格的不属于保险责任。无有效车牌不可上路行驶，既有法律的规定，也属于一般社会公众均能理解和接受的常识。某保险公司在接受投保的同时已经将相关条款出示给被保险人，投保单重要提示中也提示被保险人详细阅读保险条款，特别是责任免除和投保人、被保险人义务等。

观点三：法律所保护的应当是合法利益，对违法行为应当作出否定性的评价。保险所保障的应当是合法利益。无证上路是众所周知为法律所禁止，如通过保险理赔仍得到救济，则会引导错误的价值取向，有违公序良俗，更有违设立保险制度的宗旨。在被保险人有故意违法行为情况下发生的交通事故，保险人应当免责。

【裁判理由】

北京市密云区人民法院一审判决认为：

某保险公司与曹某之间的保险合同，是双方的真实意思表示，属有效合同，双方均应依约享有权利、承担义务。保险车辆在保险期限内发生交通事故，经公安交通管理部门认定，曹某允许的合法驾驶人刘某某承担事故的全部责任，该情形属于双方约定的保险责任范围，某保险公司对三者的财产损失、修理费及施救费均未提出异议，理应依照约定予以理赔。针对某保险公司的答辩，该院认为，前述保险单成立时，保险车辆均未领取行驶证及牌照，某保险公司亦未提出异议，保险期间仍分别约定为：挂车自 2010 年 10 月 16 日 0 时起至 2011 年 10 月 15 日 24 时止；牵引车自 2010 年 11 月 2 日 0 时起至 2011 年 11 月 1 日 24 时止。根据《中华人民共和国保险法》（2009 年）第十四条①规定，保险合同成立后，投保人按照约定交付保险费，保险人按照约定的时间开始承担保险责任。本案中，曹某履行了交纳保险费的义务，某保险公司理应按照约定的时间承担保险责任；关于某保险公司提出《家庭自用汽车损失保险条款》在责任免除中，有"除另有约定外，发生保险事故时被保险机动车无公安机关交通管理部门核发的行驶证或号牌，或未按规定检验或检验不合格"的条款，故应免除责任问题。根据保险法第十七条第二款的规定，对保险合同中免除保险人责任的条款，保险人在订立合同时应当在投

---

① 对应现行《中华人民共和国保险法》（2015 年）第十四条。

保单、保险单或者其他保险凭证上作出足以引起投保人注意的提示，并对该条款的内容以书面或者口头形式向投保人作出明确说明；未作提示或者明确说明的，该条款不产生效力。某保险公司未能证明此条款已交付投保人，且在保险单或其他材料上有提示，并对投保人作出明确的说明，此条款不发生效力。某保险公司在本案中适用《家庭自用汽车损失保险条款》欠妥，故其答辩理由于法无据，该院不予采信。综上所述，为保护双方当事人的合法权益，维护正常的经济秩序，判决某保险公司给付曹某保险金 103033 元。

某保险公司不服一审法院判决，向北京市第二中级人民法院提起上诉。

北京市第二中级人民法院二审判决认为：

根据《中华人民共和国保险法》（2009 年）第十七条第二款①规定："对保险合同中免除保险人责任的条款，保险人在订立合同时应当在投保单、保险单或者其他保险凭证上作出足以引起投保人注意的提示，并对该条款的内容以书面或者口头形式向投保人作出明确说明；未作提示或者明确说明的，该条款不产生效力。"在一审、二审的审理过程中某保险公司没有提供足够的证据证明已向曹某告知了"除另有约定外，发生保险事故时被保险机动车无公安机关交通管理部门核发的行驶证或号牌，或未按规定检验或检验不合格"就免除某保险公司赔偿责任的条款并对该条款做出了明确的说明。二审中，某保险公司提供了《营运用汽车损失保险条款》证明履行了相应的告知义务，由于条款上没有曹某本人的签名，法院对该条款的证明力不予认可。本案中，曹某履行了交纳保险费的义务，某保险公司也进行了定损确认，某保险公司应当按照保险合同的约定承担保险责任。一审判决结果并无不当，判决驳回上诉，维持原判。

---

① 《中华人民共和国保险法》（2015 年）第十七条规定："订立保险合同，采用保险人提供的格式条款的，保险人向投保人提供的投保单应当附格式条款，保险人应当向投保人说明合同的内容。对保险合同中免除保险人责任的条款，保险人在订立合同时应当在投保单、保险单或者其他保险凭证上作出足以引起投保人注意的提示，并对该条款的内容以书面或者口头形式向投保人作出明确说明；未作提示或者明确说明的，该条款不产生效力。"

【法官评析】

本案是典型的保险人未尽免责条款的明确说明义务与被保险人存在故意违法行为兼有情形下保险法律的适用问题。在之前的实务界，有观点认为在车辆有故意违反交通法规强制性规定的情况下出现事故的，保险公司可以拒绝赔偿。理由不外乎是投保人或者收益人不能基于违法而获益，车辆违反交通法规强制性规定发生事故，如果获得赔偿有违社会公众利益，也存在社会道德伤害风险，且容易对社会公众造成误导，从判例的价值和社会效果角度考虑，不应赔偿。还有一种观点认为，《中华人民共和国保险法》《中华人民共和国道路交通安全法》《机动车交通事故责任强制保险条例》等法律行政法规规定的法定免责条款也无须保险公司履行告知和明确说明义务。笔者认为上述观点恰恰混淆了行政法和民商法的区别，把行政领域和民商领域的法律适用混为一谈。

对于本案来讲，需要分两步解决两个焦点：一是涉案的牵引车在没有取得行驶证前上路行驶是否属于某保险公司法定免赔的理由，属于社会常识，不需要明确提示；二是如果第一个焦点不成立，某保险公司是否向曹某告知了"除另有约定外，发生保险事故时被保险机动车无公安机关交通管理部门核发的行驶证或号牌，或未按规定检验或检验不合格"就免除保险公司赔偿责任的条款并对该条款做出了明确的说明。要解决这两个问题，要从下面三个角度展开论述。

一、《中华人民共和国道路交通安全法》中关于对车辆、行人的禁止性规定，属于行政管理性法规，不影响保险合同效力

根据传统的法学基础理论，针对法律规范对人们行为限定的范围或程度不同所进行分类，可以分为强制性规范和任意性规范。随着强制性规范对合同效力的影响，学界开始重视对强制性规范的进一步区分，将传统法学基础理论中的强制性规定进一步区分为：效力性规范和管理性规范。效力性规范着重强调对违反行为的法律行为价值的评价，以否认其法律效力为目的；管理性规范是指法律及行政法规未明确规定违反此类规范将导致合同无效的规范。此类规范旨在管理和处罚违反规定的行为，但并不否认该行为在民商法上的效力。《中华人民共和国道路交通安全法》对违反交通安全管理的违法行为都规定了一定程度的行政处罚，这些规范在性质上都属于管理性法规。道路交通安全法是交通管理法，而不是保险管理法，禁止酒后驾车、车辆超载、无证行驶等行为只是从交通管理的方面考虑，对于是否获得保险赔偿，必须由保险法和保险合同条款规定。换句话说，本案中，牵引车没有行驶证上路属于违章行为，应受到相应的行政处罚，但并不影响保险合同的效力。

二、从保险合同的性质来讲，车辆保险合同是典型的射幸合同，所有的免责条款必须在合同中明确规定

因保险事故或者给付保险金条件的发生具有不确定性，投保人和保险人的利益丧失，表现为一种机会。在保险合同中，投保人支付保险费的义务虽在合同成立时已经确定，但保险人承保的危险或者保险合同中约定的给付保险金的条件发生与否，却均不能确定。在保险期限内，若发生保险事故，被保险人或者受益人可以取得成千上万倍于保险费的保险金，保险人则丧失成千上万倍已收取的保险费的利益；若不发生保险事故，保险人不负担给付保险金的义务，却取得投保人支付的保险费所带来的利益，投保人失去已支付保险费的利益。

如果第一个焦点成立，道路交通安全法上所有的禁止性行为都是法律强制性规定，应属于行业内社会常识而无须在合同上记载或者无需告知投保人。就本案来讲，如果无行驶证上路保险公司可以免责，那么推而广之醉驾也可以不赔、超载也可以不赔，如果再进一步推演，保险公司对车辆所有的违章行为都可以不予赔偿，结论就是保险公司只赚不赔，这个结论是荒谬的。[1] 况且社会常识的内涵和外延也具有不确定性，交通管理法规的强制性规定能不能全部认定是公知常识且范围如何确定也难以把握，退一步讲，禁止违章在交通管理领域算是公知常识，并不意味着在民商法领域违章发生事故不予保险赔偿也是公知常识。通过论述，第一个焦点的论点是不能够成立的。笔者认为，由于车辆保险合同是射幸合同，合同双方更应尽最大诚信义务，所有的免责条款都必须在合同中写明，这就要求合同签订双方要对合同的条款达成一致并在合同中明确记载，否则双方的权利义务处于不确定状态。合同中没有记载的事项不能成为合同的条款，更不能允许合同一方随意对合同条款进行添加或者修改。特别是对于一些直接涉及当事人双方权利和义务的重要事项，如免责条款，更应在合同中得到体现，所有的免责条款都应约定在保险条款里，合同中没有明确规定的，不能成为保险公司免赔的依据。

三、免责条款必须明确地告知和说明，否则不发生法律效力

由于第一个焦点得出的结论是站不住脚的，所以第二个焦点就是本案解决的关键。鉴于法律对于履行明确说明义务的方式、程度等均未作具体规定，故履行明确说明义务又赋予了法官极大的自由裁量权。在保险合同纠纷案件中，保险公司如何才能证明自己履行了告知和明确说明义务，目前还没有统一的认识。如何认定保险公司尽到告知和明确说明义务，笔者认为应分为三步：第一步，保险免责条款包括不赔或少赔的条款要交付投保人，免责条款未交付投保人的，不发生法律效力，保险公司不能以某种行为是法律明确禁止的而无须记载在合同中进行抗辩。第二步，保险公司必须对免责条款进行

---

[1] 《机动车交通事故责任强制保险条例》第二十二条规定："有下列情形之一的，保险公司在机动车交通事故责任强制保险责任限额范围内垫付抢救费用，并有权向致害人追偿：（一）驾驶人未取得驾驶资格或者醉酒的；（二）被保险机动车被盗抢期间肇事的；（三）被保险人故意制造道路交通事故的。有前款所列情形之一，发生道路交通事故的，造成受害人的财产损失，保险公司不承担赔偿责任。"即使根据该条的规定，本案也不适用保险公司免责的范畴。

告知和说明，同时负有举证责任。投保人单单在声明栏签字，不能视为保险公司已完成告知和说明义务。对于法律、行政法规中的禁止性规定情形作为，以足以引起投保人注意的文字、字体、符号或者其他明显标志作出提示的，人民法院应当认定其履行了提示告知义务。对于说明义务而言，保险人必须向投保人就保险合同的内容、术语、目的以及适用等做出明确说明，否则未尽到明确说明的义务，免责条款无效。"明确说明"是指保险人对于免责条款，除了在保险单上提示投保人注意外，还应当对有关免责条款的概念、内容及其法律后果等，以书面或者口头形式向投保人作出解释，以使投保人明白该条款的真实含义和法律后果。需要进一步说明的，考虑保险公司是否尽到告知和说明义务的时候，也要充分考虑投保人的驾龄和投保次数等要素，综合评定。在这个阶段相关证据很关键，保险公司应该对证据进行留存。第三步，投保人在免责条款处签字确认。免责条款醒目且单独成章，当事人应在此处签字确认。以上三步具备应该视为保险公司尽到了明确的说明和告知义务。

另外，在案件中我们还需考虑驾驶人违反交通管理法规的行为与交通事故的发生是否存在直接的因果关系。车辆发生交通事故后，交通管理部门出具的《交通事故责任认定书》就是交通事故发生的原因和责任分担的重要证据，如果，驾驶是事故发生的唯一原因，其违法行为与事故的发生没有因果关系，则保险公司拒赔无理。在交通事故中，驾驶人对车辆违章是明知的，对于车辆事故的发生是过失的，如果行为人利用车辆从事犯罪行为时发生交通事故受到损失，主观上有犯罪故意，则不能得到保险赔偿。

本案在一审、二审的审理过程中某保险公司没有提供足够的证据证明已向曹某告知了"除另有约定外，发生保险事故时被保险机动车无公安机关交通管理部门核发的行驶证或号牌，或未按规定检验或检验不合格"就免除保险公司赔偿责任的条款并对该条款做出了明确的说明。二审中，某保险公司提供《营运用汽车损失保险条款》证明履行了相应的告知义务，由于条款上没有曹某本人的签名，对该条款的证明力也不应认可。本案中，曹某履行了交纳保险费的义务，某保险公司也进行了定损确认，某保险公司应当按照保险合同的约定承担保险责任。

总之，当前车辆保险纠纷案件持续增长，新情况、新问题不断涌现，在案件审理中，注重对投保人、被保险人、受益人利益的保护是保险立法的基本精神，是保险案件审判工作应当坚持的立场，这不仅是基于保护弱者的民法理念，也是基于促进、保障保险市场健康发展从而有利于保险公司长远发展的深层次考虑。要辩证地看待保险纠纷当事人之间的关系，努力实现各方当事人之间权利和义务的平衡。

第二章　合同效力有关问题

五、缺乏当事人真实意思表示的循环买卖合同无效

【关键词】　循环买卖　　意思表示　　无效

【裁判规则】

> 在多方参与的循环买卖行为中，客观上形成闭合性的循环、某一方存在高买低卖、风险责任划分不符合常理、交易中无真实货物流转，且各方当事人对货物的关注程度远小于自身的收益及资金安全保障的关注程度等明显不符合买卖合同基本特征的异常情况时，应当合理突破当事人签订合同的外观与名称，认定各方之间不构成买卖合同关系。

【基本事实】

　　2015 年 6 月 4 日，某奶制品公司与某燃油公司签订《产品销售合同》，约定某燃油公司按每吨 7391.25 元的价格向某奶制品公司购买 500SN 基础油 3000 吨，总价款 2217.375 万元；某石油化工北京分公司为某燃油公司指定的供应商。某奶制品公司与某石油化工北京分公司签订《单笔销售合同》，《单笔销售合同》由某奶制品公司于 6 月 3 日签署、某石油化工北京分公司于 6 月 17 日签署。该合同约定某奶制品公司按每吨 7300 元的价格向某石油化工北京分公司购买 500SN 基础油 3000 吨，总价款 2190 万元。6 月 17 日，某石油化工北京分公司与某燃油公司签订《润滑油采购框架协议》，针对该合同，

某燃油公司于 6 月 19 日为某石油化工北京分公司出具货权转移证明，载明："根据双方签订的采购合同的约定，现将存放于我公司油库的 3000 吨 500SN 基础油货物所有权转移给贵公司。"

2015 年 6 月 17 日，某燃油公司向某奶制品公司支付 2217.375 万元。6 月 19 日，某奶制品公司向某石油化工北京分公司付款 2190 万元。6 月 23 日，某石油化工北京分公司向某燃油公司付款 2184 万元。

2015 年 8 月 19 日，某奶制品公司向某石油化工北京分公司发出解除合同的通知，称因某石油化工北京分公司未按《单笔销售合同》约定供货，故解除该合同。某石油化工北京分公司于 8 月 21 日收到该通知。

【观点分歧】

观点一：根据合同相对性原理，某奶制品公司与某石油化工北京分公司之间的购销合同体现了双方的真实意思，某奶制品公司按照协议支付了货款，某石油化工北京分公司未按照合同的约定履行货物交付义务应承担违约责任。

观点二：法律关系的性质界定，不应受制于当事人之间签订合同的外观与名称，而应由当事人的真实意思表示和合同实质内容决定。判断各方的真实意思表示不仅要听取各方的陈述，更多的应该是从客观事实反推交易各方交易时的真实心态。根据三方的交易模式，本案形成无货物实际交付的闭合循环交易且三方对此交易模式都是明知的，属于名为买卖实为借贷的法律关系。

【裁判理由】

北京市东城区人民法院一审判决认为：

依法成立的合同，对当事人具有法律约束力，当事人应当按照合同约定全面履行自己的义务，一方不履行义务，或者履行义务不符合约定的，应当承担相应的违约责任。同时，当事人可以约定一方解除合同的条件，解除合同条件成就时，解除权人可以解除合同。本案中，某奶制品公司与某石油化工北京分公司签订的《单笔销售合同》，意思表示真实，且未违反法律、行政法规的强制性规定，应为合法有效，各方均应遵守。现某奶制品公司依约支付了货款，而某石油化工北京分公司未能依约发货，截至某奶制品公司发出解除通知之日，某石油化工北京分公司迟延供货已超过 10 日，《单笔销售合同》约定的解除条件已经成就，故某奶制品公司作为解除权人有权解除。《单笔销售合同》解除后，某石油化工北京分公司应当退还已收取的货款，并按约支付相应违约金。《单笔销售合同》中明确约定了卖方迟延供货的违约条款，即每迟延供货一日则按迟延供货总额的 0.3% 计付违约金，最高不超过迟延供货总额的 3%，迟延供货超过 10 日，某奶制品公司有权解除合同，并按截至合同解除日的实际迟延天数追究违约责任。一审判决，某奶制品公司与某石油化工北京分公司 2015 年 6 月 17 日签订的《单笔销售合同》于 2015 年 8 月 21 日解除；某石油化工北京分公司于判决生效之日起十五日内向某奶制品公司退还货款并支付违约金。

某石油化工北京分公司不服一审法院判决，向北京市第二中级人民法院提起上诉。

北京市第二中级人民法院二审判决认为：

本案的争议焦点是当事人之间的法律关系是买卖合同关系还是企业间借贷关系？根据《最高人民法院关于适用〈中华人民共和国民事诉讼法〉的解释》（2015 年）第九十条①规定："当事人对自己提出的诉讼请求所依据的事实或者反驳对方诉讼请求所依据的事实，应当提供证据加以证明，但法律另有规定的除外。在作出判决前，当事人未能提供证据或者证据不足以证明其事实主张的，由负有举证证明责任的当事人承担不利的后果。"第一百零八条规定："对负有举证证明责任的当事人提供的证据，人民法院经审查并结合相

---

① 对应现行《最高人民法院关于适用〈中华人民共和国民事诉讼法〉的解释》（2022 年）第九十条。

关事实，确信待证事实的存在具有高度可能性的，应当认定该事实存在。对一方当事人为反驳负有举证证明责任的当事人所主张事实而提供的证据，人民法院经审查并结合相关事实，认为待证事实真伪不明的，应当认定该事实不存在。法律对于待证事实所应达到的证明标准另有规定的，从其规定。"本案中，某奶制品公司主张其与某石油化工北京分公司之间存在买卖合同关系并提交了《单笔销售合同》、付款凭证、增值税专用发票、手机短信记录、谈话录音等证据。《单笔销售合同》、付款凭证、增值税专用发票等证据在性质上属于原始证据、直接证据，应视为某奶制品公司已初步完成了举证责任，能够初步证明其与某石油化工北京分公司之间存在买卖合同关系。某石油化工北京分公司主张本案实际是某奶制品公司作为出借人、某燃油公司作为借款人、某石油化工北京分公司作为"过桥方"所形成的名为买卖实为借贷的法律关系，应负举证证明责任并达到足以使人民法院确信该待证事实的存在具有高度可能性的标准。

《中华人民共和国合同法》第一百三十条①规定，买卖合同是出卖人转移标的物的所有权于买受人，买受人支付价款的合同。买卖合同的特征在于出卖人需有向买受人转移标的物的所有权，买受人有接受标的物所有权的意思表示。第一百九十六条②规定，借款合同是借款人向贷款人借款，到期返还借款并支付利息的合同。借款合同的重要特征是出借人向借款人转移货币占有，目的在于固定地获取利息。法院认为，根据《民法通则》第五十五条规定③，意思表示真实是民事法律行为有效的要件之一。法律关系的性质界定，不应受制于当事人之间签订合同的外观与名称，而应由当事人的真实意思表示和合同实质内容决定。判断各方的真实意思表示不仅要听取各方的陈述，更多的应该是从客观事实反推交易各方交易时的真实心态。

---

① 对应《中华人民共和国民法典》第五百九十五条。
② 对应《中华人民共和国民法典》第六百六十七条。
③ 对应《中华人民共和国民法典》第一百四十三条。

第一，本案中"两两之间"的买卖合同有违一般买卖合同约定。第二，本案客观上三方主体之间形成闭合性的循环买卖。第三，某燃油公司存在高买低卖行为。第四，各方对本案的交易模式均为明知。第五，本案客观上并无真实的货物交付且某奶制品公司参与的其他相同模式的交易中也没有真实的货物交付。第六，作为本案实际接收款项的某燃油公司的法定代表人郭某某在《讯问笔录》中明确表示其与某石油化工北京分公司、某奶制品公司之间是借贷关系，郭某某的相关陈述与本案其他证据显示的内容相互印证。第七，某奶制品公司的解除通知是在 2015 年 7 月 27 日某区政府召开会议专题研究某燃油公司的债务问题之后发出的。某奶制品公司陈述，在合同履行中其工作人员曾向某石油化工北京分公司的工作人员进行催货。在国家三令五申禁止国有企业参与名为买卖实为借贷的大背景下，不排除是各方具体工作人员为规避行政监管所采取的隐晦语言。

综上所述，结合本案各方当事人的陈述，从各方合同约定以及各方交易流程可以看出，各方对货物的关注程度远小于对自身的收益及资金安全保障的关注程度，整个交易中并无货物的流通，只有款项的流转。通过以上分析不难看出，各方系通过签订买卖合同的形式，达到资金拆借的目的，某石油化工北京分公司对自己反驳事实的举证达到了高度可能性的标准。故本案各方之间不具有买卖合同的特征，系以买卖合同法律关系为表象的企业间融资借贷法律关系。某奶制品公司以买卖合同关系起诉某石油化工北京分公司，不具有事实依据和法律依据。各方的纠纷可依据企业间借贷法律关系进行解决。某奶制品公司坚持基于买卖合同关系解除合同并返还货款的诉讼请求，法院不予支持。判决驳回上诉，维持原判。

【法官评析】[①]

"循环买卖"并不是一个标准的法律概念，行业内通常称为"融资性买

---

① 本案的法官助理李超男对本部分的评析也作出了重要贡献。

卖"，系指通过闭环的商品买卖形式进行企业间融资活动，即名为买卖、实为借贷的交易行为。交易中一般有三方或三方以上企业，通过"两两之间"签订标的物类型及数量基本相同的买卖合同或者代理采购协议等书面合同，使最初出卖人与最终买受人或最初买受人与最终出卖人同一，形成闭合的交易链条，货物与资金逆向流转的交易形式。如下图所示：

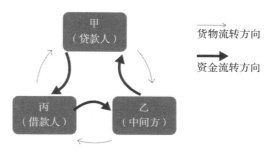

此类交易中，若借款人可以如期偿还借款，则各方之前的"买卖行为"可以顺利完成，一般不存在纠纷。但当借款人资金链断裂，无法偿还借款时，贷款人通常会以其与中间方的买卖合同为依据提起诉讼，要求中间方返还货款。此时，案件中涉及的买卖合同的效力以及各方当事人应承担的民事责任成为案件审理的焦点问题。

一、穿透合同外观：以当事人真实意思表示认定合同性质

意思表示系认定民事法律行为的核心要素。一般对交易行为的性质认定应以外在表示行为为准，即遵循表示主义原则，具体到商法领域就是遵循外观主义原则。但当交易行为明显有悖于一般交易常理，以至于使人有理由质疑当事人意思与表示不一致，存在掩盖非法目的、规避法律限制之嫌时，则应采取意思主义，对当事人的真实意思进行探究①。无疑，当事人签订的书面合同应当作为判断其真实意思表示的基础，除此之外，更应当全面考虑与交易有关的环境因素，包括书面文件、口头陈述、各方表现其意思的行为，

---

① 王富博：《企业间融资性买卖的认定与责任裁量》，载《人民司法》2015 年第 13 期。

以及当事人各方的交易过程、履行过程或惯例①。认定"融资性买卖"真实意思表示通常要考量如下要素：

（一）是否符合商业常理，存在"高买低卖"情形

商行为是企业等商人以营利为目的而实施的持续经营行为②。当事人进行买卖行为，其根本目的亦应当符合其"营利性"的特征。若在买卖合同中，交易方不仅无法从中获利，反而交易额越大，亏损越大，则明显不符合商业常理。循环买卖中借款人的"高买低卖"即是如此。但对于交易行为是否具有合理性，也不应仅将交易价格作为单独的判断依据，而应综合交易的支付方式、附加条款等因素进行认定③。

（二）标的货物是否存在或实际交付

在早期的司法判例中，对于没有真实货物存在的交易，均认定为无效，因为其不符合买卖合同的基本特征。但之后随着实践的发展，以及对商事主体在法律规定范围内对自身权利进行处分的充分尊重，逐渐放宽了买卖合同所涉标的物是否存在对合同效力的影响。目前实践中，交易各方并没有仓单、提货单等货权凭证，往往出具的都是货权转移证明。除此之外，各方在合同履行中并未提供其他的货物运输、仓储等有关的真实货物交付凭证。故，对当事人真实意思表示的认定，目前通常还是采用"客观主义为主，主观主义为辅"的解释方法。在各方当事人对交易方式均予以认可且不违反法律、行

---

① 崔建远：《合同解释论：规范、学说与案例的交互思考》，中国人民大学出版社2020年版，第157页。

② 蒋大兴：《论民法典（民法总则）对商行为之调整——透视法观念、法技术与商行为之特殊性》，载《比较法研究》2015年第4期。

③ 如在上海市第二中级人民法院（2016）沪02民终417号案例中，当事人即解释称之所以"高买低卖"，系因为出卖方价格虽高，但向其采购时仅需支付保证金，而向出卖价格低的一方采购虽然总价低，但却需要支付全额货款，会造成较大的资金压力。上海市第二中级人民法院（2016）沪02民终417号民事判决书，载中国裁判文书网，http://wenshu.court.pcc/website/wenshu/181107ANFZ0BXSK4/index.html? docId = 1b23c23fbd2a48a5b1b02452abc547cb，最后访问时间：2023年6月27日。

政法规强制性规定的情况下，没有必要坚持探究当事人真实的内心意思，因为主观主义本身即具有不稳定性。

（三）是否具有取得货物所有权的真实意思

买卖规则的核心内容是：转让标的物所有权的意思表示加转让标的物所有权的效果①。买卖合同中当事人应当对货物的存放、所有权的转移以及货物的质量等因素格外关注②。当买卖合同中的交易方对货物的提取方式、提取地点、运输方式以及验收标准等均无约定，亦对此并无关心时，则难以认定其具有取得货物所有权的真实意思，亦难以认定买卖合同意思表示真实。

（四）风险划分是否合理

买卖合同特别是大宗货物的买卖合同的履行，均面临一定的商业风险。如货物运输的风险，毁损、灭失的风险，市场价格波动的风险等。在正常的交易中，相应的风险应当由买卖双方根据各自的权利义务进行合理分担。当交易中某一方仅获取固定收益，不承担任何货物风险及市场风险时，其在形式上便脱离了买卖合同的本质。

综上所述，对于合同性质的认定，不应受制于其外在表现形式，而应当通过交易过程中的外观表现，综合认定当事人的真实意思表示。本案中，客观上形成了闭合性的循环买卖且各方对交易模式明知，虽然涉案交易在形式上、外观上符合一般买卖合同的特征，但从本案各方当事人的陈述、相关买卖合同约定以及各方交易流程可以看出，某奶制品公司有权追索货物的市场价格损失及预期利润，对货物的关注程度远小于对自身的收益及资金安全保障的关注程度。同时，本案符合闭合性"循环买卖"的特征，整个交易中无须货物的真实流通，只有款项的流转，各方系通过签订买卖合同的形式，达

---

① 叶林：《商行为的性质》，载《清华法学》2008 年第 4 期。
② 《中华人民共和国民法典》第五百九十八条规定："出卖人应当履行向买受人交付标的物或者交付提取标的物的单证，并转移标的物所有权的义务。"第五百九十九条规定："出卖人应当按照约定或者交易习惯向买受人交付提取标的物单证以外的有关单证和资料。"

到资金拆借的目的。因此，虽然各方签订了书面买卖合同，但合同性质与合同外观并不一致，以虚伪意思表示形成的买卖合同关系应认定为无效，对于各方权利义务的认定，应当依据各方间真实的借贷关系进行判断。

二、穿透意思外观：以当事人真实意思表示认定合同效力

此类案件的审判实践①中，各方当事人之间均存在较为完备的书面买卖合同，从形式上看，与一般的买卖行为并无太大区别。但当事人的真实意思表示与书面合同所体现的意思表示可能并不一致，可能以买卖合同的外观意思掩盖真实的借贷意思。

（一）最高人民法院对循环买卖纠纷合同效力的认定

1. 认定属于"名为买卖，实为借贷"，买卖合同无效+借贷行为因违反法律强制性规定无效

在（2015）民提字第74号②案例中，最高人民法院认定进行循环买卖的各方之间并无真实的货物流转，中间方不需要提取货物亦未实际取得并交付提货凭证，不承担市场价格变动风险，只需要按照上游企业指示开具发票，并赚取加价利润，不符合买卖合同交易特征。故涉案买卖合同无效，当事人之间的借贷行为因违反法律强制性规定，亦认定为无效③。

---

① 为全面展示此类案件的裁判思路，本文所称借款人、出借人及中间方，均根据各方当事人主张进行表述，而非法院最终认定结果。

② 最高人民法院（2015）民提字第74号民事判决书，载中国裁判文书网，http：//wen-shu. court. pcc/website/wenshu/181107ANFZ0BXSK4/index. html？docId=cf527aae4cc64547b3f2d14725acd3d5，最后访问时间：2023年6月28日。

③ 在（2015）民提字第74号案件中，最高人民法院亦持此观点，认定涉案买卖合同无效，同时认定出借方不具有从事金融业务的资质，却以放贷为常业，违反相关金融法规及司法政策规定，故借贷行为亦无效。

2. 认定买卖合同有效，各方应依约履行合同义务

随后，最高人民法院在（2014）民二终字第00056号[①]案例中认为，"走单、走票、不走货"的形式，虽然没有货物的真实流转，但并未违反法律、行政法规强制性规定，出借方与中间方之前的买卖合同不因此而无效。中间方向出借方提供了《收货证明》，即便其实际并未收取相关货物，亦属于对自身权利的处置，不能以此对抗其收取货物后所负有的付款义务。

3. 认定属于"名为买卖，实为借贷"，买卖合同无效+借贷行为另行认定

在（2018）最高法民终786号[②]案例中，最高人民法院认定涉案交易存在借款人"高买低卖"行为，不具有商业上的合理性，且涉案协议履行过程中无真实货物流转，各方之间系以货物买卖之名行企业间借贷之实。涉案实际法律关系与原告主张权利的法律关系不同，原告以买卖合同纠纷为由主张权利缺乏请求权基础，故其诉讼请求不能成立。出借人与借款人之间具有成立借贷合同关系的真实意思，其共同实施的隐匿行为的效力不属于本案审理范围，应根据相关规定另行认定。

（二）以当事人真实意思表示认定涉案合同效力

1. 对买卖合同效力的否认应达到高度可能性标准

前文所述的对循环买卖纠纷案件的三种认定思路，也广泛地存在于地方法院的审判案例当中。在大部分案件中，仍然倾向于尊重当事人书面合同所体现的意思表示，对买卖合同性质及效力的否定仍然持谨慎态度，笔者亦持此观点。

---

① 最高人民法院（2014）民二终字第00056号民事判决书，载中国裁判文书网，http：//wenshu. court. pcc/website/wenshu/181107ANFZ0BXSK4/index. html？docId＝c1ee860486004 7f08d78dfec339fb756，最后访问时间：2023 年 6 月 28 日。

② 最高人民法院（2018）最高法民终786号民事判决书，载中国裁判文书网，https：// wenshu. court. gov. cn/website/wenshu/181107ANFZ0BXSK4/index. html？ docId＝TEBb1cfvywzK70rj D5feR5zVmh0Ab6hKNifU03dL6vt5OoOeYiB5G/UKq3u＋IEo4xrhYIUL6n/HlIb6F6BMZlyN05NRB6Qg Wvb77MR4zDn7mRhkwSUGI9BLLpkVDFMRm，最后访问时间：2023 年 7 月 5 日。

此类案件中，原告以买卖合同等书面证据主张双方存在买卖合同关系，此类书证相对于传来证据、间接证据具有较高证明力。若要否定书面证据所体现的法律关系，并确定当事人之间存在缺乏以书面证据为载体的其他民事法律关系，必须在证据审核方面给予更为审慎的分析研判。根据《民事诉讼法解释》（2022 年）第一百零八条的①规定，若被告对买卖合同关系予以否认，则必须承担相应举证责任并达到足以使法院确认待证事实的存在具有高度可盖然性的标准。因此，笔者认为，在原告已经提供了必要的书面证据，证明双方之间存在买卖合同关系的情况下，若被告在反驳对方主张的过程中未能尽到举证义务，使其否认买卖合同性质及效力的主张达到高度盖然性标准，则在买卖合同不违反法律及行政法规有关效力性规定的情况下，法院不宜轻易否认买卖合同的效力。

2. 买卖合同无效情形下对各方法律关系的认定

当被告举证达到高度盖然性标准，法院依法认定各方当事人不具有买卖合同的真实意思表示，认定买卖合同无效后，对于当事人之间是否成立借贷关系、是否对借贷合同的效力进行认定，审判实践中亦有不同思路②。

---

① 《最高人民法院关于适用〈中华人民共和国民事诉讼法〉的解释》第一百零八条规定："对负有举证证明责任的当事人提供的证据，人民法院经审查并结合相关事实，确信待证事实的存在具有高度可能性的，应当认定该事实存在。对一方当事人为反驳负有举证证明责任的当事人所主张事实而提供的证据，人民法院经审查并结合相关事实，认为待证事实真伪不明的，应当认定该事实不存在。法律对于待证事实所应达到的证明标准另有规定的，从其规定。"

② 各地法院是否对涉案借贷行为进行认定亦有不同处理。具体处理思路分类如下：（1）认定涉案买卖合同无效后，对各方之间是否存在借贷关系不予认定，认为原告未证明履行了交付货物的义务，故无权请求被告支付货款。（2）认定涉案买卖合同无效，各方之间系"名为买卖，实为借贷"的法律关系，经法院释明后，原告坚持不变更诉讼请求，故法院判决驳回原告诉讼请求。（3）认定买卖合同无效后，认定借贷行为因违反强制性规定而无效，根据各方交易地位及过错情况对各方民事责任进行认定。（4）认定买卖合同无效后，确认借贷行为有效，根据各方交易地位及过错情况对各方民事责任进行认定。

笔者认为，此种情况下，应根据原告是否变更其诉讼请求进行处理①。当事人变更诉讼请求，以借贷法律关系主张权利后，法院应当依法对借贷关系的效力进行审查。主要应当审查各方之间的借贷行为是否存在《最高人民法院关于审理民间借贷案件适用法律若干问题的规定》（2020年）第十二条及第十三条所规定的禁止行为等情况。若不存在上述情况，则一般应认定借贷法律关系有效，并以此为基础认定各方的权利义务关系。若借贷合同违反了法律、行政法规的强制性规定，则应当认定无效，各方应根据各自过错情况承担相应的缔约过失责任。若当事人坚持不变更诉讼请求，则法院不宜直接对当事人之间的借贷关系及法律责任进行认定，还是以驳回原告的诉讼请求为宜。

三、穿透多重交易：将多方主体纳入同一法律关系中认定民事责任②

合同具有相对性，不宜随意突破。一般情况下，即便多方交易主体之间形成连环买卖，亦应当尊重合同的相对性，对每个买卖合同中当事人的权利义务分别进行认定。但若各方当事人之间缺乏真实的买卖合同意思表示，系以买卖合同为名，通过"循环买卖"的方式行资金借贷之实，买卖合同属于虚伪的意思表示，则应当认定买卖合同无效。此时，多方主体之间虽存在不

---

① 《最高人民法院关于民事诉讼证据的若干规定》（2019年）第五十三条第一款规定："诉讼过程中，当事人主张的法律关系性质或者民事行为效力与人民法院根据案件事实作出的认定不一致的，人民法院应当将法律关系性质或者民事行为效力作为焦点问题进行审理。但法律关系性质对裁判理由及结果没有影响，或者有关问题已经当事人充分辩论的除外。"据此，对于当事人主张的法律关系性质与法院根据案件事实作出的认定不一致的，新的证据规则不再要求法院必须向当事人释明可以变更诉讼请求。但出于节约诉讼成本，保障当事人诉权的考虑，笔者认为在相关当事人均已到庭，对各方之间借贷关系的有关事实可以充分查明的情况下，还是应当释明当事人是否变更诉讼请求为宜。

② 本案中，因原告某奶制品公司主张的买卖合同关系缺乏事实依据，故法院判决驳回了其诉讼请求。案件审理中，受双方当事人诉辩主张所限，法院未对涉importeB借贷合同关系及各方当事人的民事责任进行认定。但在审判实践中，这一问题正成为该类案件的核心焦点。大量与本案相似的案件，在被判决驳回诉讼请求后，原告很可能再次以借贷纠纷为由提起诉讼，此种情况下，各方当事人特别是中间方的民事责任的认定将成为不可回避的问题。故本文中，亦将此作为重点进行分析。

同的买卖合同，但实际上为同一借贷行为的多个参与主体，故此时即应突破合同的相对性，将多方主体纳入同一借贷关系中认定其民事责任。

（一）借贷行为有效情况下各方民事责任的认定

1. 出借人与借款人民事责任的认定

借贷行为不存在无效事由的情况下，出借人与借款人之间成立合法有效的借贷关系，借款人应当依据法律规定及双方约定承担还本付息的民事责任。此类案件中，各方系以买卖合同形式进行融资借贷，因此不存在书面的借贷合同。此时，虽然买卖合同被认定为无效，但当事人在买卖合同中关于付款的约定可以作为认定借款本金的依据，根据交易中"货款"的价差，则可以计算出借款的利息。

2. 中间方民事责任的认定

民事主体应当依照法律规定和当事人约定承担民事责任，对当事人民事责任的认定亦应当以其真实意思表示为基础。有学者认为，对于契约责任的归责原则，应当区分为过失责任及无过失责任，过失责任又划分为重大过失、具体过失与抽象轻过失①。此类案件中，在买卖合同被认定无效的情况下，中间方一般不会存在没有任何过失的情况。因为对"循环买卖"中所有"买卖合同关系"的否认，需要以明确各方真实意思表示为基础，若中间方在交易中存在真实的买卖意思表示，则一般不会否认其参与的买卖合同的性质及效力。因此，对于中间方应承担的民事责任，笔者认为，应当根据其"过失情况"及其意思表示进行认定。具体来说，可分为如下情形：

（1）构成债务加入。若中间方在实际不存在欠款的情况下，仍然做出在与相对方对账过程中对所负债务予以认可、向出借人进行还款确认等行为，则表示其实质上对相应欠款作出了付款的意思表示。虽然双方实质上不存在债权债务关系，但其作为商事主体，应当对其欠款确认及付款承诺等行为的

---

① 王泽鉴：《损害赔偿》，北京大学出版社 2017 年版，第 41~42 页。

法律后果具有充分认识，可以推定其构成了债务加入，应当与借款人共同向出借人承担还款责任。

（2）承担连带还款责任。若中间方系循环买卖的主要策划方或主动以其商业信誉进行担保，此时其虽未实际使用资金，但却存在积极促成交易的意思表示，实质上主导了整个交易，故其应当作为共同借款人或担保人向出借人承担连带还款责任。

（3）承担相应的过错责任。若中间方不存在构成债务加入或连带责任的情形，但明知各方系资金借贷关系，且为借贷关系的成立提供了帮助，则其应当根据自身过失情况承担民事责任。第一，其因循环买卖而赚取的差价收益或未足额向借款人支付的借款金额，实际属于借款利息或本金的一部分，在借款人无法偿还涉案债务的情况下，应当首先向出借人冲抵借款金额。第二，若上述收益仍不能弥补因其行为给出借人造成的损害，则应当根据其在借贷关系中实际发挥作用的大小酌定其承担相应的过错责任。

（二）借贷行为无效情况下各方民事责任的认定

1. 出借人与借款人民事责任的认定

《中华人民共和国民法典》第一百五十七条规定："民事法律行为无效、被撤销或者确定不发生效力后，行为人因该行为取得的财产，应当予以返还；不能返还或者没有必要返还的，应当折价补偿。有过错的一方应当赔偿对方由此所受到的损失；各方都有过错的，应当各自承担相应的责任。法律另有规定的，依照其规定。"因此，在买卖合同及借贷行为均被认定为无效的情况下，各方之间的民事责任在性质上应当属于缔约过错责任，故责任大小应根据责任主体在整个交易中的过错程度予以确定①。此时，对于实际借款人来说，其取得的借款本金应当向出借人予以返还。对于借款利息，因为各方之间借贷行为无效，故关于利息的约定亦为无效，但鉴于借款人实际使用了出

---

① 王富博：《企业间融资性买卖的认定与责任裁量》，载《人民司法》2015 年第 13 期。

借人的资金，故应当向出借人支付资金占用期间的法定利息。

2. 中间方民事责任的认定

对于中间方来说，其与借贷双方均不存在其他的法律关系，作为借贷关系的参与方，其仍然应当与借贷双方作为一个整体，根据其过错程度来认定民事责任①。具体来说，若其在借贷关系中起主导作用，从其过错程度来说，若无中间方的撮合，则借贷双方不会达成借贷合意时，则其实际上应当作为共同借款人，与实际借款人承担连带还款责任。若中间方仅对借贷行为的产生起部分辅助作用，则应当根据其过错程度，向出借人承担赔偿责任。出借人所受到的损失即为借款人不能清偿的借款金额。而对中间方应承担的赔偿责任的比例，则系法院根据其过错程度，进行自由裁量的内容，并无明确标准。

综上，根据审判实践及法律分析，对于涉及名为买卖、实为借贷的"循环买卖"案件，在审理中可以遵循以下思路，利用穿透式审判思维，查明当事人真实意思表示，从而对合同的性质、效力以及各方民事责任作出准确认定。

---

① 最高人民法院在（2015）民提字第74号案例中，认定买卖合同与借贷合同均无效后，直接认定中间方基于合同无效的规定，承担返还款项的责任。该处理方式笔者认为有待商榷。因为在认定买卖合同无效，各方之间实质为借贷关系时，已经对合同的相对性进行了突破。对各方责任的认定就不应当再局限于原买卖合同的双方，而应当综合循环买卖的各方进行认定。被认定为无效的借贷行为并非由出借人向中间方的借款行为，其实质为出借人向借款人进行的借款行为。中间方与出借人之间并不存在借贷的意思表示，实质上其也没有实际"取得"涉案资金，而是将其转交实际借款人。故此时，还是应当根据中间方的过错程度认定其民事责任为宜。

六、通信公司"合约机"出售构成欺诈的应按照整体金额赔偿

【关键词】 合约机 欺诈 整体 三倍

【裁判规则】

> 手机和通信服务进行捆绑销售时，应视为手机和通信服务构成一个不可分割的整体产品。手机质量与其宣传彩页表明的质量状况不符，构成欺诈时，应按照产品的整体价值进行惩罚性赔偿。

【基本事实】

2013 年 1 月 17 日，傅某一次性向某通信公司预付 2380 元，选择某通信公司提供的 96 元 3G 基本套餐，并可享受以 3419 元的优惠购机价格购买 3G 定制手机一部，傅某共支付 5799 元。后傅某发现该手机支持频段与某通信公司在宣传彩页上标注的内容不符，遂诉至法院。傅某认为：某通信公司在进行广告宣传时宣称本型号手机支持双卡双待，但在使用过程中，发现该产品 WCDMA 小卡槽不支持 850/1900 MHz，GSM 大卡槽不支持 850/1900 MHz，无法实现北美等地区的国际漫游。某通信公司构成欺诈，应退还购机款并一倍赔偿。某通信公司答辩称：某通信公司按照与傅某达成的入网协议及合约计划业务协议的约定履行，销售诉争手机时使用的宣传材料是某公司提供的，其在销售手机时不审核频段，故不存在虚假宣传，也无欺诈的故意；认可诉争手机存在频段缺失，但不影响该手机在国内的正常使用，只是对北美等地区 3G 网络的使用有影响；某通信公司针对两个不能在国内使用的频段做虚假宣传没有必要，只是宣传上的失误；同意退机并退还购机款 3419 元，但不同意一倍赔偿。一审法院认为，某通信公司销售的手机质量与其宣传彩页表明

的质量状况不符，构成欺诈，判决某通信公司办理退机手续并退还购机款3419 元并赔偿傅某 3419 元。二审法院改判某通信公司退还购机款 5799 元并赔偿傅某 5799 元。

【观点分歧】

观点一：某通信公司作为销售者对产品及其宣传彩页只能进行形式审查，根据《中华人民共和国产品质量法》第二十六条的规定，保证产品质量符合产品说明、实物样品等方式表明的质量状况，是生产者的责任和义务，而非销售者的责任和义务。在没有任何行政机关确认宣传彩页违法的情况下，某通信公司不具有任何隐瞒真实情况的行为，不存在欺诈的主观故意，不构成欺诈行为。

观点二：合约计划业务协议是消费者选择某通信公司一定资费标准的通信服务套餐并在保证机卡不分离的前提下，享受以相应的优惠价格购买手机的合同，该合同虽然将诉争手机与通信服务捆绑在一起对外销售，但在履行中可以区分为诉争手机的交付和提供以诉争手机作为终端的通信服务两个部分；本案的通信服务约定的履行地为中国大陆地区，即使在机卡不分离的前提下，诉争手机缺失的频段也不会影响通信服务部分的实际履行，且某通信公司因手机频段缺失在购机款部分给予傅某的赔偿也已经达到惩罚和弥补损失的目的，故对于傅某要求通信服务费部分的赔偿主张，法院应不予支持。

观点三：某通信公司在本案中的行为系对手机和通信服务进行捆绑销售，手机和通信服务按照捆绑后的统一价出售，虽然合同中对购机款和通信服务费进行了区分，但本案中的手机和通信服务两者并不单独出售，消费者亦不能按照区分后的价格对手机或者通信服务进行选择性购买，故某通信公司在本案中销售的手机和通信服务构成一个整体的产品，两者是不可区分的。某通信公司销售的手机质量与其宣传彩页表明的质量状况不符，构成欺诈，傅某有权要求按照其购买整体商品的价格即 5799 元增加赔偿其受到的损失。

【裁判理由】

北京市东城区人民法院一审判决认为：

消费者只需证明经营者实际提供的商品或服务与其宣称的商品或服务在有关基本功能或性质等的参数方面存在不符，即完成对欺诈行为存在的举证责任，如果经营者认为其没有欺诈的故意，则其应当举证证明。本案中，虽然某公司是手机宣传彩页的广告主，但宣传彩页上同时印有某通信公司的标志，且该宣传彩页可以在某通信公司获得，以上可以表明某通信公司认可对外以该宣传彩页的内容进行宣传，故其应对宣传彩页的内容负责；手机支持频段的范围是涉及手机基本使用功能的重要参数，但某通信公司使用的宣传彩页上标注的手机支持频段范围与实际不符，无论消费者在实际使用诉争手机时是否受到影响，该不符均是客观存在的，故法院对于某通信公司以诉争手机不存在质量问题、频段缺失不影响手机在国内正常使用为由不承担责任的答辩意见不予采纳；关于某通信公司认为自己在销售手机时不存在主观上的故意，故不应承担赔偿责任，其理由是宣传彩页由某公司作出、频段缺失也是由某公司向某通信公司总公司发函更正、某通信公司销售手机时不审核手机频段，对此，法院认为，作为手机的销售者，对涉及手机基本使用功能的重要参数，包括支持频段范围的标注或说明，确保宣传或标注与事实相符，是其不可推卸的责任，上述理由并不足以证明某通信公司对手机频段缺失不存在欺诈的故意。因此，某通信公司在向傅某销售诉争手机时存在欺诈行为，傅某要求赔偿购机部分款项的诉讼请求正当，法院予以支持。

最后，合约计划业务协议是消费者选择某通信公司一定资费标准的通信服务套餐并在保证机卡不分离的前提下，享受以相应的优惠价格购买手机的合同，该合同虽然将诉争手机与通信服务捆绑在一起对外销售，但在履行中可以区分为诉争手机的交付和提供以诉争手机作为终端的通信服务两个部分；本案的通信服务约定的履行地为中国大陆地区，即使在机卡不分离的前提下，诉争手机缺失的频段也不会影响通信服务部分的实际履行，亦即某通信公司在交付诉争手机时存在的欺诈行为并不会对消费者享受双方约定的相关通信服务的利益造成任何不利影响；且某通信公司因手机频段缺失在购机款部分给予傅某的赔偿也已经达到惩罚和弥补损失的目的，故对于傅某要求通信服务费部分的赔偿主张，法院不予支持。一审法院判决某通信公司于判决生效之日起十日内为傅某办理退机手续并退还购机款 3419元；某通信公司于判决生效之日起十日内赔偿傅某 3419 元。

某通信公司不服一审法院判决，向北京市第二中级人民法院提起上诉。

北京市第二中级人民法院二审判决认为：

欺诈消费者行为，是指经营者在提供商品或者服务中，采取虚假或者其他不正当手段欺骗、误导消费者，使消费者的合法权益受到损害的行为。根据《中华人民共和国消费者权益保护法》（2009 年）第十九条、第二十二条①的规定，经营者向消费者提供有关商品或者服务的质量、性能、用途、有效期限等信息，应当真实、全面，不得做虚假或者引人误解的宣传。经营者以广告、产品说明、实物样品或者其他方式表明商品或者服务的质量状况的，应当保证其提供的商品或者服务的实际质量与表明的质量状况相符。本案中，某通信公司在其使用的宣传彩页上标注的手机支持频段范围与实际商品不符，可认定其存在欺诈行为。某通信公司辩称该宣传彩页由某公司制作，其不存在主观故意，无须承担责任。对此，该院认为，某通信公司作为手机的销售者，其有义务审核其销售的商品与其宣传的内容是否相符，现某通信公司未尽到审核义务，导致其销售的手机质量与其宣传彩页表明的质量状况不符，应认定某通信公司构成欺诈，其应向傅某承担相应的法律责任。

某通信公司在本案中的行为系对手机和通信服务进行捆绑销售，手机和

---

① 《中华人民共和国消费者权益保护法》（2013 年）第二十条、第二十三条的规定与之相比更加全面。

通信服务按照捆绑后的统一价出售，虽然合同中对购机款和通信服务费进行了区分，但本案中的手机和通信服务两者并不单独出售，消费者亦不能按照区分后的价格对手机或者通信服务进行选择性购买，故某通信公司在本案中销售的手机和通信服务构成一个整体的产品，两者是不可区分的。现某通信公司销售的手机质量与其宣传彩页表明的质量状况不符，构成欺诈，傅某有权要求某通信公司将其以 5799 元购买的整体商品，包括手机和通信服务一并予以退还，并有权要求按照其购买整体商品的价格即 5799 元增加赔偿其受到的损失。因傅某在本案中明确表示要求继续使用本案涉及的通信服务，并同意在退款中扣除 2380 元通信服务费，该院对此予以确认，故某通信公司应向傅某返还购机款 3419 元。判决某通信公司于判决生效之日起十日内为傅某办理退机手续并退还购机款 3419 元、赔偿傅某 5799 元。

【法官评析】

一、经营者欺诈行为的构成要件分析

实务中，在审理消费者与经营者之间有关欺诈纠纷中，争议最大的是在认定经营者欺诈的要件中是否必须具备经营者的主观故意。一种观点认为，消费者与经营者之间的纠纷是基于合同关系，违约责任是严格责任。因此，经营者是否构成"欺诈"，无须考虑经营者有无欺诈的故意。另一种观点认为，对《中华人民共和国民法典》第一百四十九条的"欺诈"[①] 概念和《中华人民共和国消费者权益保护法》（2009 年）第四十九条[②]的"欺诈"概念应采取同样的文义解释、同样的构成要件。即"欺诈行为"必须以"故意"为构成要件。笔者认为，解决此种争议，须从惩罚性赔偿的性质入手。关于

---

① 《最高人民法院关于适用〈中华人民共和国民法典〉总则编若干问题的解释》（2022 年）第二十一条规定："故意告知虚假情况，或者负有告知义务的人故意隐瞒真实情况，致使当事人基于错误认识作出意思表示的，人民法院可以认定为民法典第一百四十八条、第一百四十九条规定的欺诈。"该规定与民通意见的规定在表述上有一定的区别。

② 对应现行《中华人民共和国消费者权益保护法》（2013 年）第五十五条。

其性质的争议主要有三种观点：公法性质、私法性质、公私兼有的社会法性质，私法性质又分为违约责任和侵权责任两种观点。但从近几年的立法实践来看，立法者实际采纳了侵权责任的观点。比如，《中华人民共和国民法典》第一千二百零七条规定："明知产品存在缺陷仍然生产、销售，或者没有依据前条规定采取有效补救措施，造成他人死亡或者健康严重损害的，被侵权人有权请求相应的惩罚性赔偿。"再如，第一千二百零三条规定"因产品存在缺陷造成他人损害的，被侵权人可以向产品的生产者请求赔偿，也可以向产品的销售者请求赔偿。产品缺陷由生产者造成的，销售者赔偿后，有权向生产者追偿。因销售者的过错使产品存在缺陷的，生产者赔偿后，有权向销售者追偿"。如今，在实务界也大多认为对于消费者请求增加的赔偿金额，其请求权基础是经营者欺诈行为所形成的侵权责任。从这点来看，要求认定经营者欺诈构成要件包含主观故意，也是有理论支撑的。

综上，笔者认为，《中华人民共和国消费者权益保护法》（2013年）第五十五条所规定的经营者欺诈行为的构成要件应主要包括三个方面：主观上欺诈者必须具有欺诈的故意；客观上欺诈者实行了虚构事实、隐瞒真相的欺诈行为；结果上欺诈行为造成了消费者相信谎言、陷于错误判断，并作出错误意思表示的事实，即与欺诈人进行了民事交易行为。

二、举证责任分配及经营者主观故意的认定

根据《中华人民共和国民事诉讼法》（2021年）第六十七条、《民事诉讼法解释》（2022年）第九十条第一款的规定，消费者应对经营者实行了虚构事实、隐瞒真相的欺诈行为，消费者作出错误意思表示的事实以及该事实与经营者欺诈行为存在因果关系进行举证。但，对于经营者是否具有主观故意的举证责任分配却有较大的争议。

笔者认为应采用"故意推定"的归责原则，由经营者对自己无主观故意承担举证责任。首先，从消费者权益保护法的立法意图看，它侧重对消费者利益的保护、对经营者侵权行为的制裁。考虑到消费者与经营者之间的信息不对等及双方举证能力强弱不均等因素，如果让消费者举证证明经营者在提供商品或服务时有欺诈的故意存在很大困难，如果以消费者对欺诈的故意举证不能为由，而使其承担不利的法律后果，显然有违公平原则。其次，《最高人民法院关于审理食品药品纠纷案件适用法律若干问题的规定》（2021 年）第六条规定，食品的生产者与销售者应当对于食品符合质量标准承担举证责任。从上面法律规定的精神来看，如果经营者与消费者对产品质量存在争议，应由经营者对产品符合质量标准承担举证责任。最后，从部门规章来看，《欺诈消费者行为处罚办法》（已失效）规定经营者不能证明自己确非欺骗、误导消费者而实施该行为的，应当承担欺诈消费者的法律责任。因此，司法实践中，只要消费者举证证明经营者实施了虚构事实、隐瞒真相等欺诈行为，就可推定经营者存在欺诈故意，经营者承担证明自己没有欺诈故意的举证责任。

《中华人民共和国产品质量法》（2018 年）第三十三条规定，销售者应当建立并执行进货检查验收制度，验明产品合格证明和其他标识。因此，验明商品合格证明和其他标识系销售者的强制性义务。《中华人民共和国消费者权益保护法》（2013 年）第二十三条第二款规定，经营者以广告、产品说明、实物样品或者其他方式表明商品或者服务的质量状况的，应当保证其提供的商品或者服务的实际质量与表明的质量状况相符。故，在"故意"的认定中应采用客观标准，主要审核经营者在进货过程中是否依法建立了进货查验制度、是否尽到了查验义务。同时，要审查经营者在销售过程中是否履行了应尽的注意义务。即达到了理性经营者应具备的谨慎、勤勉的标准。如果没尽到相应的义务，则推定其具有主观故意。

三、捆绑销售赔偿范围的确定

现实中，捆绑销售现象成为商家常用的促销手段，当其中一个产品存在质量问题时，消费者是否有权要求销售商对商品进行整体退货并赔偿成为争议焦点。实践中，销售商在进行捆绑销售时，消费者并不能自由选择购买其中一个产品，亦无法以区分后的价格对捆绑销售的几个产品进行区分购买，故经销售商捆绑后的几个产品构成一个整体的产品，彼此是不可区分的，当其中一个产品存在质量问题时，即使其他产品不存在问题，消费者也有权要求销售商就整体的产品进行退货赔偿。

本案中，某通信公司作为手机的销售者，其有义务审核其销售的商品与其宣传的内容是否相符，现某通信公司未尽到审核义务，导致其销售的手机质量与其宣传彩页表明的质量状况不符，应认定某通信公司构成欺诈。某通信公司在本案中的销售行为系对手机和通信服务进行捆绑销售，手机和通信服务按照捆绑后的统一价出售，虽然合同中对购机款和通信服务费进行了区分，但消费者不能按照区分后的价格对手机或者通信服务进行选择性购买，故某通信公司在本案中销售的手机和通信服务构成一个整体的产品，两者是不可区分的。消费者有权要求某通信公司整体退货并就整体金额进行赔偿。

七、股权转让合同中欺诈行为的司法认定

【关键词】 股权转让　欺诈　撤销

【裁判规则】

> 股权转让方的最主要义务是如实披露目标公司的经营状况以及对股东权益具有或可能具有重大影响的各种事实。在转让股权时，如转让方没有如实披露公司经营的各种真实状况，甚至故意隐瞒其他经营风险，进而使受让人陷入错误认识达成交易的。股权转让人构成欺诈，合同应予撤销。

【基本事实】

李某持有某拍卖公司 70% 的股权，担任董事长。另一名股东董某持有 30% 的股权，担任总经理。2013 年 10 月 26 日，李某与刘某签订《股权转让协议》，约定"转让方李某将持有的某拍卖公司 55% 股权作价两千万元转让给受让方刘某……"当日，李某出具了《股权转让方的承诺与保证》，承诺其合法拥有股权，没有未清偿的贷款或其他债务，不存在任何已经发生或可能发生的经济索赔纠纷。2014 年 1 月 10 日，公司进行了股权和法定代表人变更登记。截至 2014 年 1 月 30 日刘某共支付 1675 万元股权转让款。

在公司经营过程中，李某与董某之间产生矛盾；2013 年 1 月董某将公司的部分拍品搬离；2013 年 12 月刘某进入公司进行经营，得知董某将部分拍品搬离一事后，于 2013 年 12 月 17 日将部分拍品取回。李某称签约时口头告知了刘某拍卖公司的经营状况以及其与董某之间存在矛盾。刘某在二审中承认在 2013 年 10 月 26 日签约时才与李某见面，未对公司经营情况提前进行核实。

另外，2013 年 1 月 23 日，公司起诉董某，主张让其返还公司合同章、客

户资料、业务记录、库房藏品及库房登记资料；后撤诉。2013 年 10 月 16 日，法院作出判决：因某拍卖公司无法向委托人交付拍卖物品，赔偿 230 万元。2014 年 5 月 8 日，因拍卖标的脱离保管无法交付，法院判决某拍卖公司赔偿梁某 150 万元。

【观点分歧】

观点一：股权转让方的最主要义务是如实披露公司的经营状况以及对股东权益具有或可能具有重大影响的各种事实。李某在转让股权时，不仅没有如实披露公司经营的各种真实状况，故意隐瞒了公司存在拍品丢失及诉讼的巨大风险；反而做出书面承诺与保证，虚假承诺公司不存在任何已经发生或可能发生的经济索赔纠纷，构成了欺诈。

观点二：刘某以自己的行为放弃了撤销权。由于刘某在签订股权转让协议之后，在接管公司时，对公司的经营状况及股东之间存在的纠纷是清楚的，并知道董某已将部分拍品擅自搬离的情况。刘某在明知公司存在内部股东纠纷、公司与外部赔偿纠纷的事实后，仍实施了参与公司经营管理、支付剩余股权款、依法进行变更登记等一系列行为，这既表明本案双方的股权交易已依法完成，也进一步表明刘某以其行为放弃了撤销权。

观点三：刘某没有尽到谨慎、合理的注意义务，在收购涉案股权前没有尽职调查，应对自己的行为负责。李某在《股权转让方的承诺与保证》中承诺如发生纠纷，则由其承担一切法律责任，故李某违反承诺的行为属于违约行为，而非欺诈，不构成撤销合同的法律条件。

观点四：可撤销合同在没有被撤销之前仍然是有效的，在合同成立时起一年内，当事人可以申请撤销合同，也可以让合同继续有效。刘某在发现相对人的欺诈事实后，需继续识别欺诈的严重程度，评估公司的发展态势，其对生效合同行使权利履行义务的表现，绝非放弃撤销权的标志。

【裁判理由】

北京市东城区人民法院一审判决认为：

2013 年 10 月 26 日，李某与刘某签订的《股权转让协议》，其内容不违反国家法律规定，各方当事人依法享有自愿订立合同的权利且不受非法干预。案件的争议焦点系上述协议订立时是否存在可撤销的法定情形，对此作如下认定：

（一）股权转让时拍卖公司的状况。2013 年 10 月 26 日，李某向刘某转让股权之前，已经存在民事诉讼案件有 4 件，包括：第 1 件，2013 年 1 月 8 日，李某与拍卖公司、钱某某公司解散案；第 2 件，2013 年 1 月 23 日，拍卖公司与董某返还公司合同章、客户资料、业务记录、库房藏品及库房登记资料案；第 3 件，2013 年 10 月 16 日柏某主张拍卖公司返还拍品案；第 4 件，2014 年 5 月 8 日梁某主张拍卖公司赔偿拍品损失案。此外，还存在钱某某与李某因拍卖公司拍卖物品向公安机关举报刑事案件的事实。同时，上述案件李某及钱某某均是知情者或当事人。

（二）李某是否向刘某隐瞒了与股权转让有关的真实情况。一审法院认为，股权的价值主要来源于股东享有的收益权和决策权。本案在股权转让过程中，拍卖公司在对外债务、经营管理等方面出现严重困难，继续存续将使股东利益受到重大损失，上述事实是通常情况下的股权受让方作出真实意思表示的主要判断依据，故在订立合同时李某故意向刘某隐瞒上述情形，致使刘某作出错误意思表示，其隐瞒上述事实的行为构成民事欺诈。现拍卖公司已无法正常存续的责任理应由李某承担。关于李某提出的不具备法定撤销事由的辩解，因李某未提交有效证据证明其已如实告知相关重要事实，故其辩解缺乏事实和法律依据，法院不予采信。综上，依法被撤销的合同自始没有法律约束力，因该合同取得的财产应予返还，有过错的应赔偿对方受到的损失。现刘某主张撤销股权转让协议及相应的股权转让补偿协议并退还股权转让款 300 万元、补偿款 650 万元及赔偿利息损失的请求，于法有据，法院予以支持。

综上，一审法院判决撤销李某与刘某签订的《股权转让协议；李某返还刘某 1675 万元并按中国人民银行同期贷款利率支付；自判决生效之日起三十日内，刘某将其持有的拍卖公司百分之五十五的股权返还李某。

李某不服一审法院判决，向北京市第二中级人民院提起上诉。

北京市第二中级人民法院二审判决认为：

本案中，李某将其在拍卖公司的股权转让予刘某，刘某作为拍卖公司的曾任董事长和股权的转让方，其对公司的经营现状和可能存在的经营风险的知情度相对于受让股权的刘某而言，具有天然的优势地位。不论是依据合同约定还是根据诚实信用原则，李某均应向股权受让方刘某披露公司的经营状况和对股东权益具有或者可能具有重大影响的事实。现刘某认为李某在股权转让时未向其告知公司的经营状况等与股东权益有关的重要事实，而李某又未提交能够证明其已向刘某履行披露义务的证据，故法院对刘某的此项意见予以采纳。

一方当事人故意告知对方虚假情况，或者故意隐瞒真实情况，诱使对方当事人作出错误意思表示的，可以认定为欺诈行为。根据一、二审查明的事实，李某在股权转让前对于拍卖公司存在原股东矛盾及董某拉走部分拍品等情况是明知的，拍卖公司作为一家拍卖公司，因拍品管理混乱而存在的隐患是巨大的，李某作为公司的原主要管理人和董事长，对于该情况可能会给公司造成严重的经营风险和法律风险也当有明确和充分的认知。但李某仍在《股权转让方的承诺与保证》中承诺公司不存在任何已经发生或可能发生的经济索赔纠纷，对于公司存在的经营风险和隐患未向刘某告知。法院认定李某未在签订《股权转让协议》及《股权转让补偿协议》前向刘某如实披露拍卖公司的经营状况，其在客观上不仅存在虚假陈述，也存在隐瞒真相的行为，其主观上存在故意；且该行为使刘某在未能充分明确知悉公司经营风险的情况下与李某签订了《股权转让协议》及《股权转让补偿协议》。现刘某要求撤销上述协议并要求李某退还股权转让款和补偿款，事实清楚，法律依据充分，法院予以支持。二审判决驳回上诉，维持原判。

【法官评析】

从通常意义上讲，股权转让的双方均是理性的商事主体，如何平衡股权转让方的披露义务和受让方的合理注意义务是正确认定股权转让是否构成欺诈的核心所在，也是司法实践中应重点关注的争议焦点。

一、股权转让合同中转让人关于公司经营现状的披露义务及范围

《中华人民共和国民法典》第六百四十六条规定："法律对其他有偿合同有规定的，依照其规定；没有规定的，参照适用买卖合同的有关规定。"有限责任公司股权转让合同的标的是股权，本案的股权转让为有偿转让。按照民法典的规定，应参照买卖合同的有关规定。《中华人民共和国民法典》第六百一十五条规定："出卖人应当按照约定的质量要求交付标的物。出卖人提供有关标的物质量说明的，交付的标的物应当符合该说明的质量要求。"这就是法律规定的出卖人对标的物的品质应承担的瑕疵担保义务。就有限责任公司股份转让合同而言，股权转让方对受让方同样负有瑕疵担保义务。

实践中，公司的股东特别是在公司担任经营事务的主要负责人或者高级管理人员的股东相比于受让人来讲，对公司内、外部经营状况的了解程度绝对处于优势地位。如果其没有尽到相应的披露义务，则会影响股权的定价甚至受让人的购买意愿。根据诚实信用原则以及合同法的规定，转让人信息披露义务的范围包括但不限于与公司经营或者股权收益有影响或可能具有重大影响的事实，包括股权本身是否存在瑕疵、公司是否对外担保、负债以及是否存在与公司有关的诉讼等。此披露义务无论转让合同是否约定都是存在的，属法定义务。司法实践中，是否尽到相应的信息披露义务的举证责任应由转让方承担。

二、受让人应尽到审慎的注意义务

股权转让是一项复杂而专业性很强的工作，相对于双方来说利益重大，潜在风险也较大。在实践中，受让人在信息获取上往往处于弱势地位。因此，受让人作为商事主体，在收购股权时应该审慎地调查公司的经营情况，分析评判受让股权存在或可能存在的风险，然后再作出商业判断。需要明确的是，这种审慎的调查属于受让人风险防控措施。如果受让人没有尽到相应的审慎调查义务，则存在一定过错。但这种过错相比于股权转让人的信息披露义务来说，是处于次要地位的，这种过错不必然导致受让人丧失撤销权。通俗地讲，在商业领域，对于商事主体法律不能纵容"骗子"，也不能迁就未尽到审慎调查义务的受让人。如果受让人没有尽到相应的审查义务，其结果是在合同被撤销后，对损失赔偿负担要负相应的过错责任。这样处理有利于理顺正常的商业秩序，也有利于平衡交易双方的利益。

三、股权转让人欺诈行为的认定

《最高人民法院关于适用〈中华人民共和国民法典〉总则编若干问题的解释》（2022 年）第二十一条规定："故意告知虚假情况，或者负有告知义务的人故意隐瞒真实情况，致使当事人基于错误认识作出意思表示的，人民法院可以认定为民法典第一百四十八条、第一百四十九条规定的欺诈。"根据法律的规定，欺诈行为的构成要件应主要包括三个方面：主观上欺诈者必须具有欺诈的故意；客观上欺诈者实行了虚构事实、隐瞒真相的欺诈行为；结果上欺诈行为造成了相对人相信谎言、陷于错误判断，并作出错误意思表示的事实，即与欺诈人进行了民事交易行为。

四、以行为方式放弃撤销权的认定

《中华人民共和国民法典》第一百五十二条规定了撤销权人应当在知道或者应当知道撤销事由三日起一年内行使撤销权，同时也规定了当事人知道撤销事由后明确表示或者以自己的行为放弃撤销权。法律对于可撤销合同赋予撤销权人享有选择权，可撤销合同在没有被撤销之前仍然是有效的，对各方当事人均有约束力。实践中，撤销权人对于撤销原因的存在和认识评估也需要一个过程，特别是因欺诈订立的合同具有极大的隐蔽性，受欺诈一方不可能在欺诈行为成立时就完全、充分地发现欺诈事实，需继续识别欺诈的严重程度，评估事情的发展态势。因此，撤销权人按照诚信原则，对生效合同行使权利履行义务的表现，绝不能视为放弃撤销权的标志。这样才有利于让撤销权人有机会深入考察、评估风险、权衡利弊，再确定是否申请撤销合同。同时，放弃撤销权对当事人来说利益重大，法律虽然设定了以行为方式放弃撤销权的规则，但这一规则毕竟是默示推断，在司法上应该从严把握，不能轻易剥夺权利人的合法权利，应参照明确表示放弃撤销权的标准。比如，追究行为人的违约责任。

本案中，李某对于公司存在的相关诉讼以及董某搬离拍品等情况是知情的，对于某拍卖公司来说，拍品管理混乱所隐藏的风险是巨大的，李某作为公司的董事长对于该情况将给公司造成严重的经营风险和法律风险也应当有明确和充分的认知。但没有证据证明，其已经将与董某之间矛盾的性质、双方矛盾对公司经营的影响以及会给公司带来的经营风险等情况告知了刘某。况且，李某在《股权转让方的承诺与保证》中仍承诺公司不存在任何已经发生或可能发生的经济索赔纠纷。李某客观上不仅存在虚假陈述，也存在隐瞒真相的行为，主观上存在故意；且该行为使刘某在未能充分明确知悉风险的情况下与之签订了《股权转让协议》及《股权转让补偿协议》。李某的行为已构成欺诈，刘某享有撤销权。

另外，刘某在知悉撤销事由后的除斥期间，有权利在法律限度内实施自力救济，还有权利对事态进行深入调查、评估、判断。在此期间，当事人继续行使合同权利或履行合同义务，不能简单等同于其以实际行动放弃了撤销权。在本案中，李某始终未能提交任何有效证据证明其已对董某的行为及某拍卖公司存在的经营风险做出了详尽、准确的披露，无论在签订协议书之前还是在刘某实际参与经营之后。在此种情况下，刘某在了解、评估法律风险的过程中始终未作出放弃撤销权的明确意思表示，刘某履行市场主体变更登记等法定义务的行为，及履行付款等约定义务的行为，或在进入某拍卖公司后所做出的实际经营行为，均不应被认定为以实际行动放弃了撤销权。

八、艺术品交易惯例和法律规则的冲突与平衡

【关键词】 艺术品　欺诈　交易惯例

【裁判规则】

> 　　艺术品交易存在"捡漏""打眼"等特殊的行业现象与惯例，在判断出卖方是否构成"欺诈"时，要综合分析交易主体的行业知识、风险意识、从业时间、交易目的等情形，对不同的交易主体赋予不同的注意义务，进而在法律上确保艺术品交易特殊的行业惯例与民法典所要求的商品质量瑕疵担保责任相协调。

【基本事实】

　　2009 年 3 月 31 日，赵某（甲方）与罗某（乙方）签订《协议书》，内容如下："一、甲方自愿将两块自有的鸡血石，一块为巴林鸡血石雕件，另一块为昌化鸡血石雕件，转让给乙方。二、乙方在一至三个月内支付甲方现金 300 万元人民币。三、乙方将自己收藏的各类书画作品共计 143 幅全部转让给甲方。"2009 年 6 月 11 日，赵某（甲方）与罗某（乙方）签订《协议书之二》，内容如下："2009 年 3 月 31 日签订的协议书，转让主体超过一吨的巴林鸡血石雕件因双方都知道的原因发生了根本性变化，所以协议条款也将作相应的修改。1. 甲方的昌化鸡血石雕件已交付乙方，乙方将各类书画共计 428 件已交付甲方，估算价格为 200 万元人民币。2. 甲、乙双方交付的，即昌化鸡血石雕件和字画等不再相互找补。3. 巴林鸡血石雕件存放于乙方处，约定成交后扣除中间人佣金，双方按实际金额 3∶7 分成。"2010 年 5 月，赵某以保管合同为由，要求罗某返还巴林鸡血石雕件，罗某于 2010 年 6 月 17 日提出反诉请求，要求撤销《协议书》和《协议书之二》并返还已交付的字

画原著。在一审诉讼中，罗某对昌化鸡血石雕件提出鉴定申请，一审法院委托国家首饰质量监督检验中心进行鉴定，检验结果为：拼合鸡血石摆件，且鉴定结论指出"拼合鸡血石"不能命名为"鸡血石"。法院最终支持了赵某要求罗某返还巴林鸡血石雕件的主张，驳回了罗某的反诉请求。

【观点分歧】

观点一：双方签订的《协议书之二》第四条约定："巴林鸡血石暂时存放于某处，待赵某将其出售后，由赵某向罗某支付30%的保管费用。"协议明确约定了双方由买卖合同关系变为保管合同关系，因此，赵某有权收回巴林鸡血石雕件。另外，赵某不存在欺诈行为，赵某以易货方式出售给罗某的昌化鸡血石属于艺术品，按照行业惯例，罗某在决定易货前就应当对产品品质进行甄别。而罗某在占有昌化鸡血石雕件长达一年时间内未对此提出任何异议，故不同意返还已交付的字画。

观点二：首先，双方不是保管合同关系。《协议书》履行完毕后，巴林鸡血石雕件和昌化鸡血石雕件的所有权就已经转移完毕。《协议书之二》未对巴林鸡血石雕件权属变更做出明确约定的情况下，其所有权仍属于罗某。其次，在双方交易过程中，赵某违背承诺，违反了质量保证义务，利用罗某缺乏经验，以非天然的组合件鸡血石冒充天然鸡血石，诱使罗某与其进行交易，以没有任何收藏和交易价值的赝品，获取罗某价值巨大的字画。因此，双方所获得的利益严重失衡，本案协议显失公平。双方签订的协议应该被撤销。

观点三：首先，双方是保管合同关系。双方签订的《协议书之二》是对《协议书》内容的变更，巴林鸡血石雕件的所有权人仍是罗某，对罗某的诉讼请求，法院应予以支持。另外，艺术品交易有自身特殊的行业规则，交易双方也应该遵守。艺术品交易存在"打眼"和"捡漏"等情况，艺术品交易风险较大，交易双方不仅需要较高的专业知识也需要有极强的风险意识。赵某与罗某交易的标的为特定物且为艺术品且交易目的是收藏投资，不同于一般种类物的易货合同，双方均应具有审慎的交易态度。罗某作为一个理性的投资人，更应谨慎决策并防范投资风险，罗某在明知巴林鸡血石非天然鸡血石的情况下，在合理的期间内也未对昌化鸡血石的品质进行甄别，却仍与对方签订《协议书之二》，自身未尽到合理注意义务，存在重大过错，应为自己的"打眼"行为承担相应的责任。根据《协议书之二》的约定，表明双方确认赵某已交付的昌化鸡血石与罗某已交付的字画作为对价已交易完毕，因此，结合本案双方交付货物的性质、用途及交易过程，应对罗某反诉请求不予支持。

【裁判理由】

北京市东城区人民法院一审判决认为：

赵某与罗某于 2009 年 6 月 11 日签订的《协议书之二》，是双方对 2009 年 3 月 31 日签订的《协议书》内容的变更。上述协议系双方真实意思表示，不违反法律、行政法规的强制性规定，合法有效。赵某是协议一方当事人且将鸡血石交付罗某，现赵某要求解除《协议书之二》有关巴林鸡血石的约定，罗某也同意不再履行协议，故赵某要求解除《协议书之二》第四条、罗某返还巴林鸡血石的诉讼请求，该院予以支持。双方对于该雕件的合作履行期限、不能合作的后果、违约责任等没有约定，按公平原则，赵某应赔偿罗某合理存放物品发生的相关费用，具体数额由该院酌定。

关于双方只是合作关系，罗某只是在合作期间暂时占有争议物件，并没有取得该物件所有权，罗某提出的巴林鸡血石已归其所有的辩解，没有法律依据，该院不予采信。双方在《协议书之二》中约定："双方交付的，即双龙图小件鸡血石和字画等不再相互找补。"双方对于互易的物品已经按约定履行完毕。罗某在收到两块鸡血石后有足够的时间对其品质进行甄别，且在签订《协议书之二》时罗某已知道巴林鸡血石不是天然的，罗某亦不能证明赵某明知昌化鸡血石不能命名鸡血石，而以"鸡血石"与罗某互易。与赵某互易的 400 余幅画作，如果是真迹价值也远超双方合议的价格 200 万元，故赵某并不构成欺诈。罗某要求撤销本案合同之诉讼请求，该院不予支持。

《协议书之二》第三条约定"乙方已交付甲方现金 20 万元人民币"，系对罗某已向赵某支付 20 万元这一事实的确认，对于该 20 万元的用途及归属问题双方没有明确约定，赵某取得该款项没有合法依据，故罗某要求赵某返还 20 万元，该院予以支持。一审法院判决解除赵某与罗某签订的《协议书之二》第四条；罗某于判决生效后十日内，将巴林鸡血石雕件返还给赵某；赵某于判决生效后十日内，返还罗某 20 万元；赵某于判决生效后十日内，赔偿罗某 8 万元；驳回罗某的其他反诉请求。

罗某不服一审法院判决，向北京市第二中级人民法院提起上诉。

北京市第二中级人民法院二审判决认为：

关于赵某要求罗某返还巴林鸡血石的诉讼请求。依据《协议书》的约定，罗某以现金 300 万元和 143 幅字画作为对价交换赵某的巴林鸡血石和昌化鸡血石。在实际履行中，赵某向罗某交付了巴林鸡血石和昌化鸡血石，罗某向赵某交付了 428 幅字画和 20 万元。后双方签订《协议书之二》，其中第二条约定："双方交付的，即双龙图小件鸡血石和字画等不再相互找补。"第五条约定："此协议签订后，原协议与此协议内容有不同的内容以此协议为准。"因此，双方签订的《协议书之二》变更了《协议书》约定的易货对价条件，罗某用已交付的字画作为对价交换昌化鸡血石，而不包括巴林鸡血石。关于巴林鸡血石的权属问题，双方在《协议书之二》中约定对该鸡血石的成交价款按比例分成即赵某获得 70%、罗某获得 30%。结合《协议书之二》约定的其他内容来看，罗某仅对巴林鸡血石成交价款的 30% 享有权益，而双方签订《协议书之二》后，巴林鸡血石的所有权人是赵某。因此，赵某作为巴林鸡血石的所有权人有权要求罗某返还。

关于罗某要求赵某返还已交付字画的上诉请求。赵某交付的鸡血石和罗某交付的字画均为特定物且为艺术品，双方交易目的是收藏投资，因此，双方签订的本案合同不同于一般种类物的易货合同，双方均应具有审慎的交易态度。但在本案合同履行过程中，双方仅对罗某交付的字画进行了文字描述，未采取多种有效形式对各自所交付的货物进行特定化，导致在本案中双方对各自交付的货物产生争议。罗某称：在签订《协议书》后发现巴林鸡血石非天然鸡血石，故签订了《协议书之二》。因此，在签订《协议书之二》前，罗某作为一个理性的投资人，应谨慎决策并防范投资风险。

综合以上分析，结合本案双方交付货物的性质、用途及交易过程，对罗某要求赵某返还已交付字画的上诉请求不予支持。二审法院判决驳回上诉，维持原判。

【法官评析】

艺术品交易品种逐年扩大，交易主体更加多元化，艺术品市场及相关产业已在社会经济文化领域中占重要地位。在繁荣的背后，相关问题已逐渐凸显，笔者通过调研认为目前艺术品市场主要存在以下问题：一是赝品泛滥。存在伪造名家作品、公开售假现象，已严重损害了市场交易秩序。二是鉴定交易混乱。很多拍卖公司和大多数艺术品鉴定公司都没有鉴定资质或者鉴定水平低下，在巨额利润的刺激下，对赝品熟视无睹，更有甚者暗中与售假者相勾结，"变假为真"。由于鉴定权威的缺失，也给法院的证据采信带来了难题。三是私下交易成风。从市场角度来说，画廊属于一级市场，拍卖行则属于二级市场。但目前国内的真实状况是，二级市场拍卖行十分火爆，同时，不少交易主体为减少中间环节，偷税漏税，私下交易，也促进了赝品的交易。四是资本涌入，价格与价值背离。近几年，中国艺术品市场十分火爆，艺术品的价格成倍上涨，越来越高的投资回报率吸引了大量投机资本的介入，市场投机现象造成了市场的非理性发展，也造成了交易风险的扩大。

目前，我国调整艺术品交易的法律法规主要有《中华人民共和国民法典》《中华人民共和国拍卖法》《文物拍卖管理办法》等，从法规本身或配套执行情况来说，还远远不够，近几年，由艺术品交易引发的纠纷越来越多，有的因为是赝品交易，也有因交易失败或因不正当竞争的，而法庭的判决令当事人双方都满意的则很少。由于法律制度的不健全，更主要的是艺术品行业特殊的行业惯例与民商法诚实信用原则存在一定的冲突，不同的法律人对二者关系的认识存在一定的差异。笔者认为，要解决该问题，首先要从艺术品的特殊性和特殊的行业规则入手，其次运用主体分析法，赋予不同交易主体不同的注意义务，从而实现行业惯例与诚实信用原则的平衡。具体如下：

一、艺术品交易标的物具有特殊性，价值判断主观性大

艺术品买卖合同的标的物在性质上为特定物，而一般商品买卖的标的物为种类物，因此在艺术品交易中标的物具有不可替代性。艺术品的价值认定有别于其他有形商品，要综合考虑无形价值，包括社会认同价值、美感愉悦价值、文化涵养价值等，艺术品的价格认定依赖于个人经验和感受，价格高低具有很强的主观性，受购买者的主观爱好和专业知识判断影响较大。因此直接导致价格难以形成统一的判断标准。即使是专门的鉴定评估机构也常常给出差别很大的结论，甚至对于真伪问题都会给出截然不同的答案。因此，艺术品行业的从业者需要较高的专业素养和专业知识。

二、艺术品交易具有特殊的行业规则和惯例

艺术品在性质上也属于投资产品，不属于一般生活生产用品，因此艺术品交易有其特殊的行业规则与现象，比如说"捡漏""打眼"等，花小钱买了大宝贝，这在收藏界叫作"捡漏"，而花大钱买了赝品，叫作"打眼"。这要求从事艺术品交易者具备较高的风险意识，在交易过程中要尽到谨慎的注意义务。艺术品买卖一般不涉及退换货问题，卖家一般不对艺术品的真伪负责，特别是通过拍卖交易时，拍卖行往往利用"瑕疵免责声明条款"来规避拍卖赝品的责任。我国拍卖法规定，拍卖公司对艺术品拍卖有"不保真"免责条款，按照国际惯例，艺术品拍卖也是不对作品真伪做出鉴定的。但是，拍卖交易行为同样属于合同行为，应当受到合同法的约束，遵守诚实信用原则，不得违背公序良俗。因此，如何在尊重艺术品交易习惯与准确适用法律原则之间寻找平衡点，成为司法审判中的难点。

三、特殊行业惯例和质量担保责任的协调

笔者认为，虽然艺术品交易具有特殊的行业惯例，但对普适的诚实信用原则还是应该遵守的，即行业惯例要与法律精神相吻合。也就是说如果行业惯例不违背法律的精神，在具体的案件处理中可以作为参考。对于艺术品领域要以交易主体双方的行为能力为切入点进行分析，综合分析交易主体的行业知识、风险意识、从业时间、交易目的等情形。具体可以分为两种情况：

第一种情况，对于交易双方均为在此行业长时间从业的人来讲，对行业的特殊规则和惯例应该是明知的，艺术品交易存在"打眼"和"捡漏"等情况，风险较大，交易双方不仅需要较高的专业知识也需要有极强的风险意识，应该在合同订立前依据自己的专业知识或相关的鉴定结果决定自己是否与对方签订交易合同，这种义务应为艺术品买卖的先合同义务。此外，交易的标的为特定物且为艺术品且交易目的是收藏投资，不同于一般种类物的易货合同，双方均应具有审慎的交易态度。在实践中，投资者也不会仅仅凭一方的叙述就做出交易的决定。所以一旦被别人"捡漏"或者自己"打眼"了，不能以对方欺诈为由进行抗辩。

第二种情况，如果交易的一方为没有任何艺术品鉴定和交易常识的人，轻信对方对艺术品的描述而进行了交易，购买艺术品也只是为自己消费，出卖方就有可能涉嫌欺诈，严重的可能涉嫌犯罪。本案也是按照这种思路来处理的。罗某作为一个理性的投资人，更应谨慎决策并防范投资风险，罗某在明知巴林鸡血石非天然鸡血石的情况下，在合理的期间内也未对昌化鸡血石的品质进行甄别，却仍与对方签订《协议书之二》，自身未尽到合理注意义务，存在重大过错，作为理性投资人应该对自己的"打眼"行为承担相应的责任。

上述两种情况的分类，针对不同的交易主体，赋予了不同的注意义务，不仅符合法律的精神，也符合交易的惯例和我国行业发展的现实情况。该案的判决也正好体现了这种审判思路。总之，艺术品交易是一种专业性、学术性、实践性很强的活动，从业者不仅需要对藏品具有一般专业知识，还应有其他方面的修养。因此，进入市场的投资者要具有较高的风险意识和专业知识积累；同时，我国法律也应该尽快对鉴定机构的鉴定行为后果、艺术品欺诈行为的界定作出具体的规定。在加强政府监管、宏观调控的同时，要进一步发挥行业协会的作用，使整个行业在协会的领导下加大自律的力度，营造一个规范的、秩序井然的拍卖市场环境。对于普通民众来讲，在提高自己风险意识的同时，我们更应该认识到艺术品作为一种文化载体，其价值不在于真伪和市场价格的高低，它真正的价值应该是一种文化的传承。

九、在电子商务中本人行为原则的适用限度

【关键词】 电子交易　本人行为　表见代理

【裁判规则】

> 在电子平台交易规则的背景下，原则上凭账户和密码的操作行为应视为持有人的本人行为；但在相对人明知账户和密码为第三人掌握的情况下，没有谨慎审核持有人对第三人的授权，擅自应第三人要求变成平台规则约定的交易方式和场所造成损失的，应向账户和密码持有人承担相应的责任。

【基本事实】

2016年4月至11月间，B公司工作人员利用A公司的账户和密码通过电子交易平台下订单向C公司购买华为手机。后在履行中，B公司的工作人员通过QQ聊天的方式向C公司发送了所谓的A公司的自提授权委托书，C公司在未审查授权委托书真假的情况下，允许B公司采用自提方式提取了部分订单货物。平台交易规则规定，发货人应根据订单地址发送货物，订单未尽事宜双方另行签订补充协议。后A公司向C公司提起诉讼，要求解除未支付货物部分的订单合同，并要求C公司退还相应的货款。

【观点分歧】

观点一：C公司在没有充足的证据证明B公司得到A公司授权的情况下，轻信QQ聊天中B公司发送的自提授权委托书，更改货物交付方式，存在重大过失，应对货物自提部分承担全部退款责任。

观点二：基于本人行为原则，在A公司将账户及密码交与B公司使用后，只要是使用账户设立的交易视为A公司的行为。B公司作为平台账户的

使用者，当然可以通过 QQ 账户对订单内容进行修改，C 公司没有义务审查 B 公司是否取得 A 公司授权，其按照 QQ 账户要求并更改送货方式，并不存在任何过错，不应承担责任。

【裁判理由】

北京市第二中级人民法院经审理后认为：

结合查明的事实和法律规定，本案的争议焦点是涉案货物能否采用自提的方式，相关行为人有无权利变更交易方式，对应的货物能否视为 C 公司的交付？

首先，A 公司是某电子交易平台的注册用户，C 公司是某电子交易平台的注册商户，基于电子商务的特殊性，双方均应遵守某电子交易平台制定的《网上产品购销协议》以及《某电子交易平台服务协议》的相关规定，该平台规则应是双方履行各自权利义务的基础。《网上产品购销协议》第五条第二款规定，本协议依法签订，即具有法律效力，双方须全面履行，不得擅自变更或解除。该条第三款规定，本协议未尽事宜，经双方共同协商可另行签订补充协议，补充协议与原协议具有同等法律效力。第三条第一款规定，销售方将会把商品（货物）送到您指定的收货地址，所有在本站上列出的送货时间为参考时间，参考时间的计算是根据库存状况、正常的处理过程和送货时间、送货地点估计得出的。根据订单显示，每笔订单均约定了送货地址和收货人，C 公司应当按照订单约定的地址发送货物并严格审查收货人身份。根据现有证据，双方对交货方式变更为货物自提没有另行签订书面补充协议。

其次，C 公司主张 A 公司全权委托 B 公司处理整个交易，B 公司法定代表人刘某某实际控制交易过程，B 公司刘某某授权的行为人就有权代表 A 公司，但并没有提供任何 A 公司授权 B 公司刘某某全权代理涉案交易的文件。根据现有证据显示，A 公司只是把某电子交易平台的账户和密码交由 B 公司刘某某及其授权的人下订单，并没有全权授权 B 公司刘某某代理整个交易流程并有权变更交货方式、送货地址。故，B 公司刘某某授权的人更无权代表 A 公司。

最后，根据 C 公司提交的经公证的聊天记录显示，B 公司的工作人员有时既代表 B 公司有时又声称代表 A 公司。C 公司声称曾与 A 公司的工作人员何某核实过，但未提供相应的证据。此外，C 公司的工作人员在没有核实 QQ 聊天中对应的行为人真实身份和合法授权的情况下，接收了电子版的自提授权委托书。更为重要的是，其并没有对委托书上盖章的真实性进行核实，也没有进一步索要纸质版的授权委托书。同时，根据现有证据显示，在所谓的自提人员提取货物的时候，C 公司工作人员并没有再次查看或者索要 A 公司出具的授权委托书，也没有留存相关提货人员的身份证明文件。

综上所述，C 公司在没有与 A 公司签订书面补充协议变更交货方式、没有充足的证据证明 B 公司及刘某某得到 A 公司充分授权的情况下，轻信 QQ 聊天中对应的行为人发送的自提授权委托书，在没有核实提货人身份的情况下将货物交付案外人，存在重大过失，其交付案外人的货物不应视为向 A 公司的交付。判决 C 公司于判决生效之日起十日内向 A 公司返还货款 208458130 元，驳回 A 公司的其他诉讼请求。

【法官评析】

从该案件中，我们可以发现两种观点之间的巨大分歧在于 B 公司工作人员使用 A 公司平台账户密码下订单的情况下，B 公司的工作人员有无权利变更订单约定的收货方式，该行为是否适用本人行为原则。笔者就该争议梳理阐述如下：

一、本人行为原则适用的现状

本人行为原则的适用并未得到法律层面的认可，通过笔者的检索发现只在银行卡章程中零星可见。比如,《中国工商银行牡丹贷记卡章程》① 第八条第一款规定:"凡使用密码进行的交易,发卡机构均视为持卡人本人所为。"《中国农业银行金穗借记卡章程》② 第十一条第一款规定:"持卡人必须妥善保存和正确使用其金穗借记卡,领到金穗借记卡时应立即修改密码,凡密码相符的交易均视为合法交易。" 根据前述规定,银行认为在持卡人设置有交易密码的情形下,只要密码相符的交易,均应视为本人交易。按照银行规范性文件的规定,密码交易视为本人行为一般应具备三个条件:一是适用范围上应是电子银行或者 ATM 机;二是提款金额应当较小,网上银行不超过五万元,ATM 机一天最大限额不超过两万元;三是账户(卡片)和密码均为真实。

目前,在理论界和司法界均认为,应对本人行为原则规定适用除外情形。中国银行业协会在其编写的《中国银行业法律前沿问题研究(第1辑)》一书中认为:"私人密码的使用效力规则,即只要客观上在交易中使用了私人密码,如无免责事由,则视为交易者本人使用私人密码从事了交易行为,本人对此应承担相应的责任。"③ 在司法实践中,本人行为原则主要适用在银行卡支取、电子银行支付等领域,且绝大多数集中在银行卡盗刷类案件中。而且法院往往认为如果有证据证明系银行卡的密码被他人非法盗取使用或者使用伪卡进行的交易,则该密码交易不能视为持卡人本人行为。

二、本人行为的法律性质的认定

什么是本人行为,笔者并没有检索到权威的定义,笔者认为根据民法基本理论,在考虑行为主体的行为能力基础上,本人行为可以定义为本人在意

---

① 《中国工商银行牡丹贷记卡章程》,载中国工商银行网站,http://www.icbc.com.cn/icbc/html/personal/perbank/bankbook/md_rule1.htm,最后访问时间:2022 年 12 月 29 日。
② 《中国农业银行金穗借记卡章程》,载中国农业银行网站,https://www.abchina.com/cn/PersonalServices/grzsc/zhkh/202109/t20210926_2046721.htm,最后访问时间:2022 年 12 月 29 日。
③ 中国银行业协会编:《中国银行业法律前沿问题研究(第1辑)》,中国金融出版社 2010 年版,第 273 页。

思表示真实且具备相应民事行为能力的情况下，以自己名义实施的行为。那么视为本人行为在法律性质上是推定为本人行为还是拟制为本人行为呢？笔者赞同视为本人行为在法律性质上属于推定，理由：一是虽然在银行卡交易领域，在部分银行的章程中规定凭密码交易的行为视为本人行为，但这并未在我国民事基本法律中予以规定，而法律拟制需要法律的明确规定。二是在司法实践中，在电子银行或者银行卡交易领域本人行为原则也受到了较为严格的限制，各级法院也将密码交易行为即视为本人行为作了很多除外的认定，诸如在持卡人举证证明伪卡交易或者被盗刷的情形下，银行未尽到相关义务应承担相应的违约责任。因此，视为本人行为在法律性质上属于推定，相对方不认可的需要举出反证推翻该推定。

三、本人行为原则在电子商务中的构建

通过电子签名确认当事人的网络身份并以电子认证方式将当事人的网络身份与现实身份相连，是确保账户和密码的使用行为可以推定为本人所为的基础和前提。在电子交易领域，推定电子交易当事人并确定责任承担者的方法，可以参照联合国国际贸易法委员会在《联合国国际贸易法委员会电子商务示范法》中规定的三个原则：1. 订约人自己发送或委托他人发送或由订约人的信息系统自动发送的数据电文，均属订约人的数据电文，收件人据此行事的后果由发件人负全部责任；2. 一项数据电文如属他人假借订约人的名义发送，只要收件人没有过错，尽了合理的注意义务，收件人就有权将该数据电文"视为"订约人的数据电文，并按此推断行事；3. 收件人已经或应当知道某项数据电文并非订约人的数据电文，收件人即无权据此行事，订约人对收件人据此行事的后果不负责任。按照上述原则，在通常情况下，电子交易者应当对自己计算机系统发出的要约或承诺负责，而不论其实际由谁发出，也不论其是否反映交易人的真实意思。[1]

---

① 董书萍：《电子交易当事人的确认》，载《商场现代化》2006 年 11 月（中旬刊）。

按照《联合国国际贸易法委员会电子商务示范法》的三个原则，笔者认为，在电子商务中适用本人行为原则应具备三个条件：一是在约定的平台上通过真实的账户和密码进行交易；二是交易相对方不知道或不应当知道某订单并非订约人发送；三是交易相对方要尽到合理的注意义务，特别是发送人并非订约人本人的情况下；换句话说，在真实账户和密码交易的情况下，视为本人行为的交易规则设定应视为在电子交易的环境下，当事人各方为确保风险作出的风险防控措施手段，交易规则的遵守应作为判断行为人是否尽到合理注意义务的重要依据。诉讼程序中在账户和密码真实的情况下，则意味着举证责任的转移。比如，在电子银行交易中，银行只要证明交易是通过真实的账号和密码完成的，密码持有人就要对相对方未尽到合理安全保障或注意义务和自身没有过错承担举证责任。

在融资性贸易中，约定并严控货物交付地对资金提供方来说具有重要意义，是其控制货权、降低风险的重要手段。比如，在保兑仓交易中，银行也不实际占有货物，而是通过合同约定将货物交付到各方共管的仓库，买受人交付约定款项后，才能凭约定的手续到共管仓库提货。本案中，B 公司使用 A 公司的密码和账户下单，作为相对方的 C 公司来讲，就可推定下订单是 A 公司的行为，C 公司应按照订单的地址发送货物。在平台规则明确规定变更合同须双方另行书面确认的情况下，B 公司未通过交易平台内嵌联系方式修改送货地址，特别是 C 公司明知 B 公司使用 A 公司账户和密码下订单的情况下，C 公司作为合同交易的相对人应承担更多的注意义务，未尽到必要的注意义务，应该对相对方承担相应的违约责任。

第三章　合同担保有关问题

十、银行保证金担保效力的认定

【关键词】 保证金　担保　特定化

【裁判规则】

> 银行保证金"特定化"不应以金额确定或不变为条件。这里的"特定化"应是保证金账户的"特定"，只要银行和客户约定了明确的账户为保证金账户且该账户为银行所实际控制，不论是银行内部账户还是客户的账户，凡是进入该账户的资金均具有保证金性质，都属于债权的担保。

【基本事实】

2016 年 4 月至 10 月间，某担保公司与某银行支行签订五份担保协议，分别为北京某科贸有限公司、北京市某铁艺制品有限公司、北京某塑胶有限公司、刘某某、何某某提供 5 笔借款担保。按照《保证金协议》约定，某担保公司在某银行支行开设保证金专储账户。在某担保公司担保责任解除前，未经某银行支行同意，某担保公司不得动用保证金账户内的资金。在借款人未按时清偿某银行支行贷款时，某银行支行有权从上述保证金账户中直接扣划款项用于抵偿借款人所欠的贷款本息及相关费用。某担保公司依约分 5 笔向某银行支行交纳保证金共计 169 万元。2018 年 3 月，北京市通州区人民法院从某担保公司开设在某银行支行的账户内扣划了 165 万元，并于 2018 年 3 月 18 日将该笔案款发放给申请执行人某银行支行。在执行期间，某银行支行提出了执行异议，被裁定驳回。某银行支行将账户内剩余 4 万元保证金扣收，称该 4 万元用于偿还北京某科贸有限公司、北京市某铁艺制品有限公司的借款。某银行支行向北京市通州区人民法院起诉，要求确认对法院扣划的某担保公司在某银行支行处的质押担保保证金 165 万元享有优先受偿权。

【观点分歧】

观点一：某担保公司向某银行支行交纳的 169 万元五笔保证金因存入同一账号，无法区分，未实现金钱的"特定化"，质押法律关系不成立，某银行支行对该五笔保证金不享有优先受偿权。

观点二：某担保公司为借款人在某银行支行的贷款提供担保，并和某银行支行针对所担保的每一笔债务都签订了保证金协议，协议中约定了担保的主债权情况、保证金数额、账户等具体内容，且能说明每笔保证金与其担保的主债务的一一对应关系。同时，该账户属于某银行支行的内部账户，某担保公司不得随意使用，某银行支行实际可以控制该账户。上述情况符合司法解释规定的"特定化"及"移交占有"的要求，某银行支行对保证金账户中的金钱优先受偿。

【裁判理由】

北京市通州区人民法院一审判决认为：

《最高人民法院关于适用〈中华人民共和国担保法〉若干问题的解释》（现已失效）第八十五条① （2005 年）规定："债务人或者第三人将其金钱以

---

① 《最高人民法院关于适用〈中华人民共和国民法典〉有关担保制度的解释》第七十条规定："债务人或者第三人为担保债务的履行，设立专门的保证金账户并由债权人实际控制，或者将其资金存入债权人设立的保证金账户，债权人主张就账户内的款项优先受偿的，人民法院应予支持。当事人以保证金账户内的款项浮动为由，主张实际控制该账户的债权人对账户内的款项不享有优先受偿权的，人民法院不予支持。在银行账户下设立的保证金分户，参照前款规定处理。当事人约定的保证金并非为担保债务的履行设立，或者不符合前两款规定的情形，债权人主张就保证金优先受偿的，人民法院不予支持，但是不影响当事人依照法律的规定或者按照当事人的约定主张权利。"

特户、封金、保证金等形式固定化后，移交债权人占有作为债权的担保，债务人不履行债务时，债权人可以以该金钱优先受偿。"本案中，某担保公司针对北京某科贸有限公司、北京市某铁艺制品有限公司、北京某塑胶有限公司、刘某某、何某某的贷款业务分别向某银行支行支付交纳的 5 笔保证金共计 169 万元，均存入同一账户，并非一笔借款设立一个保证金账户，如何区分 5 笔保证金针对的贷款业务，某银行支行未予合理解释。且庭审中某银行支行表示法院扣划 165 万元后，保证金账户内剩余的 4 万元均被该行扣收，用于偿还北京某科贸有限公司、北京市某铁艺制品有限公司的借款。对于该 4 万元只用于偿还该两公司的借款原因，某银行支行并未给予合理解释。综上，某担保公司向某银行支行交纳的 169 万元五笔保证金因存入同一账户，无法区分，未实现金钱的"特定化"，质押法律关系不成立，某银行支行对该 5 笔保证金不享有优先受偿权。故判决驳回某银行支行的诉讼请求。

某银行支行不服一审法院判决，向北京市第二中级人民法院提起上诉。

北京市第二中级人民法院二审判决认为：

某担保公司为借款人在某银行支行的贷款提供担保，并和某银行支行针对所担保的每一笔债务都签订了保证金协议，协议中约定了担保的主债权情况、保证金数额、账户等具体内容，且能说明每笔保证金与其担保的主债务的一一对应关系。同时，该账户属于某银行支行的内部账户，某担保公司不得随意使用，某银行支行实际可以控制该账户。上述情况符合司法解释规定的"特定化"及"移交占有"的要求，某银行支行应可以保证金账户中的金钱优先受偿。

关于某银行支行所称在 165 万元保证金被扣划后，某银行支行没有将账户剩余的 4 万元按其各自所担保的债权比例偿还各个借款人的贷款的问题，法院认为，保证金账户内的款项是某担保公司担保的 5 笔债务的保证金总和，只存在每笔保证金对应每笔债务的关系，各笔保证金之间不存在按比例的对应关系，也不存在将现有保证金按照一定比例进行分割的问题。在保证金数额因担保人和债权人意志以外的原因发生改变的情况下，将剩余保证金按照其担保的债权比例进行缩减没有任何事实和法律依据。因某担保公司担保的5笔债务均未清偿，某银行支行将剩余4万元保证金用于偿还其中两笔债务，数额并未超出保证金协议约定的担保数额，其行为并无不当。一审法院对相关法律关系认定不当。二审判决撤销一审民事判决；某银行支行对某担保公司在某银行支行处开立的账户内的165万元保证金享有优先受偿权；某银行支行于本判决生效后十日内返还某银行支行保证金165万元。

【法官评析】

本案的争议焦点是某担保公司提供的5笔保证金存入同一账户是否满足了"特定化"的形式要求。一、二审法院对保证金担保"特定化"的含义理解不同，从而得出了不同的结论。在司法实践中，不同的法官对保证金的性质和保证金担保的构成要件在理解上存在一定的争议，特别是对保证金担保"特定化"的理解不同，出现了"同案不同判"的现象，在一定程度上损害司法的权威。本文将深入探讨银行保证金的性质以及保证金担保"特定化"的构成要件，希望能够给审判实务提供一定的借鉴。

一、银行保证金的内涵和种类

保证金是担保合同或者担保行为的一种金钱质，具有担保的效力。保证金根据双方当事人约定的目的或者用途而作不同的解释。大体来说，可以分为立约保证金、履约保证金、解约保证金三类。如果保证金"特定化"，属于动产质；如果保证金非"特定化"，属于债权质。当事人对合同中约定的保证金一旦"特定化"，该保证金即具有对抗第三人的效力。[1] 银行保证金是金融机构为客户出具具有结算功能的信用工具，或提供资金融通后按约履行相关义务，而与其约定将一定数量的资金存入特定账户所形成的存款。银行

---

[1]　李晓东：《强制执行中冻结扣划存款的法律适用》，载《人民法院报》2008年3月21日。

保证金是一种"特定化"的保证金，其作为一种价值稳定、操作简便的担保方式，在贷款、信用证、银行承兑汇票、结售汇、保函、保管箱等多种银行业务中得到广泛应用。银行业务涉及的保证金分很多种类，比如银行承兑汇票保证金、信用证保证金、保函保证金，还有担保公司保证金、房地产商的房贷保证金、二手房贷款买方保证金等。简言之，银行保证金是银行对客户进行授信时要求缴存一定比例的自有资金，通过银行专户管理以规范客户履约行为，是防范风险的有效措施①。

银行保证金操作模式大体可以分为两种：一种是客户将保证金存入银行设立的内部专户，一笔业务对应一个账户，对资金进行冻结，其划付须经借款人申请、银行同意方可进行。这种方式普遍运用于保函、信用证等业务。另一种是客户与银行签订保证金账户质押合同，按照约定的保证金缴存比例、对应贷款余额灵活操作"保证金池"，该账户的资金划付仍需经银行同意方可操作。这种方式在银行与企业合作贸易融资项下贷款、银行与开发商合作一手按揭贷款、银行与按揭机构合作二手按揭阶段性担保贷款、银行与担保公司合作中小企业担保贷款中较为常见。

本文所要重点研究的是银行保证金第二种运行模式，也是实践中争议最大的一种模式，笔者将其统称为融资性银行保证金。通常来讲，融资性保证金业务一般涉及三个主体即借款人、银行、担保公司，如果反担保由第三人提供就涉及第四个主体，这种业务涉及四层法律关系。第一层是借贷法律关系；第二层是保证法律关系；第三层是委托担保法律关系；第四层是反担保法律关系。在实践中，在两个环节会出现保证金：第一，银行向担保公司或者客户收取保证金；第二，担保公司向客户收取保证金。本文所要研究的就是银行向担保公司或者客户直接收取保证金的情况，具体是指由客户本人或

---

① 陆露：《关于规范企业经营风险保证金账户的探讨》，载《农业发展与金融》2008年第8期。

者专业担保公司向在该银行开具的特定账户内存入一定数量的金钱，作为债务履行的担保，当客户不履行还款义务时，银行可以扣划该账户内的资金。一般来讲，保证金按融资贷款的0—20%存入，具体存入多少保证金，取决于担保公司和银行的合作协议。这种保证金在性质上属于动产质，是履约保证金的一种，借款人到期不偿还债务，银行对保证金账户内的资金享有优先受偿权。

二、银行保证金的权利属性

要正确区分银行保证金的权利属性，首先要弄清一般存款的权利属性，目前有三种主要学说：

第一种学说是债权说[①]。这种观点认为，存款人将自己的资金存入银行后，银行对存款人存入的资金即取得所有权；而存款人作为转让资金所有权的代价，仅取得相应的偿还请求权即债权。[②] 相应地，存款合同在性质上属于消费借贷合同，在法律上准用消费借贷的有关规定，是为消费借贷合同说。换句话说，存款合同转移的是存款的所有权，也就是存款人将其存款所有权转移给银行的同时，相应地从银行取得与存款本息数额相等的债权。[③] 理由主要是：银行账户资金的债权属性是由货币作为物权客体所具有的诸多特征决定的。因为：第一，货币为种类物，一经存入，即与其他存款混同，接受存款的金融机构仅负以同币种、同金额货币偿还的义务；第二，金融机构对所吸收的存款自主支配，无论盈利或亏损，均与存款人无涉；第三，金融机构破产时，存款列入破产财产，存款人无取回权，只能作为债权人参与

---

① 目前世界大多数国家的法律持此观点，比如，《意大利民法典》第一千八百三十四条规定："（金钱储蓄）银行对存入己处的货币享有所有权，并在约定期间届满时或者存款人提出请求时，负有返还同种货币的义务。"曹新友：《论存款所有权的归属》，载《现代法学》2000年第2期。

② 汪鑫：《金融法学》，中国政法大学出版社1999年版，第200页。

③ 曹新友：《论存款所有权的归属》，载《现代法学》2000年第2期。

分配。①

第二种学说为物权说。这种观点认为，存款人将自己的资金存入银行后，存款人对于自己的银行账户资金仍享有所有权，银行对存款人存入的资金仅取得利用权；而存款人作为转让资金利用权的代价，取得随时或以存款合同的约定取回存款的物权请求权以及一般情况下存款利息的支付请求权②。储蓄存款作为居民个人的主动投资行为，是一种特殊形式的货币储藏，是暂时让渡使用权而保留其所有权的信用形式，是延期的消费支出。③ 主张物权说的理由主要有：首先，我国现行法律规定主要是采纳了物权说。其次，较之债权说，物权说更符合生活常识。如果一个人对其银行存款没有所有权而只有债权，绝对不符合生活常识。在一般人眼中，银行的存款与家中的用具没有什么区别，都是个人财产，都是物权客体。④

第三种学说为债权化物权说。其主要观点是由于货币的特殊性质，货币丧失占有即丧失了所有权。按照动产交付的一般原则，存款人一旦将货币存入银行，其所有权就发生转移，物权说缺乏货币资金价值和货币本身关联度的考察。另外，债权说对存款关系的特殊性认识不足，错误地将存款关系等同于普通的债权债务关系，忽视了存款人与其他银行债权人相比所享有的优先权利。根据我国《物权法》第二条⑤第二款的规定，法律可以规定权利作为物权客体，那么存款人对银行存款账户内资金的权利关系就属于具有债权性质的物权⑥。

---

① 刘丹冰：《银行存款所有权的归属与行使——兼论存款合同的性质》，载《法学评论》2003 年第 1 期。

② 孟勤国：《物权二元结构论——中国物权制度的理论重构》，人民法院出版社 2002 年版，第 35~50 页。

③ 肖汉奇：《商业银行法律制度与实务》，中国法制出版社 1997 年版，第 89 页。

④ 孟勤国：《物权二元结构论——中国物权制度的理论重构》，人民法院出版社 2002 年版，第 35~50 页。

⑤ 对应《中华人民共和国民法典》第一百一十五条。

⑥ 斯海明：《论银行保证金的物权效力》，载《判解研究》2009 年第 48 期。

债权化物权首先承认了货币的物权属性，同时也看到了货币具有特殊的物权形式，就是物权价值化。现代社会的资源与财富越来越突破固有的单一的物质形态，人们越来越优先考虑财产的一般价值。由此导致了财产的实物性与价值性在社会经济生活中的地位与作用的此消彼长。[①] 日本学者川岛武宜指出，物权客体价值化的极端即为货币，货币固为吾人所有，但其本身之用益价值极微，其价值乃存在于交换价值。故货币所有权不过是价值所有权，其所有之实体，不过是观念的产物而已。[②] 换句话说，物权客体的价值化是一个不得不承认的客观事实，作为价值形态存在的物同样可以成为物权的客体。存款就是以价值形态存在的物，因而银行账户资金的权利属性当然是物权。金钱作为价值形态存在的物，不仅具有传统物权客体的属性，也具有自身作为价值形态特殊的性质。银行保证金具有和一般存款的共性，也应该按照规定的比例向人民银行缴付准备金。[③] 在一般存款关系中客户将资金存入银行，作为价值化的资金所有权并没有发生移转，资金所有权仍然归存款人所有；银行对存款人的账户资金不享有所有权，其负有依存款人的要求随时支付存款的协助义务。而作为对价，银行可以充分利用存款人的账户资金开展信贷业务或其他业务，从而获得利益。在保证金担保法律关系中，银行保证金存款的设立是基于银行和客户的合意，和一般存款的目的和用途不同，二者的法律后果也有所不同。客户对银行保证金享有的是一种受限制或者设定了其他物权的自物权，银行享有的是一种他物权，并可在约定的条件下转化成所有权。

目前有一部分学者和法律实务人员，没有真正认识到物权客体价值化的趋势，认为在保证金条款中约定：在担保期间内，若贷款人未按期还款时，

[①] 比如，运输提单在某种意义上，就已具备了物权价值化的性质，在一定条件下还可以转让。

[②] 谢在全：《民法物权论》，中国政法大学出版社1999年版，第10页。

[③] 从2011年9月5日开始五大国有银行开始按照一定比例进行缴存。

银行可以直接扣划保证金归还贷款人贷款。该项约定属于担保中的流质条款，不具有法律效力。① 该观点只把货币当成了普通的物，而忽略了货币的价值属性。存款人对保证金享有的是一种受限制的所有权，银行享有的是他物权，也可以说是一种，但由于货币具有价值属性和流通功能，根据合同的约定应该允许银行在约定条件下转化为物权所有人，即借款人不按期还款时直接进行扣划。

三、银行保证金具有担保效力的要件分析

正如前文所述，银行保证金是一种金钱质，具有担保的效力。要保证金担保的有效性，就应满足一定的条件。《最高人民法院关于适用〈中华人民共和国民法典〉有关担保制度的解释》第七十条规定："债务人或者第三人为担保债务的履行，设立专门的保证金账户并由债权人实际控制，或者将其资金存入债权人设立的保证金账户，债权人主张就账户内的款项优先受偿的，人民法院应予支持。当事人以保证金账户内的款项浮动为由，主张实际控制该账户的债权人对账户内的款项不享有优先受偿权的，人民法院不予支持。在银行账户下设立的保证金分户，参照前款规定处理。当事人约定的保证金并非为担保债务的履行设立，或者不符合前两款规定的情形，债权人主张就保证金优先受偿的，人民法院不予支持，但是不影响当事人依照法律的规定或者按照当事人的约定主张权利。"

该条款明确保证金在经"特定化"及"移交债权人占有"后，债权人可具备优先受偿权，即将保证金等同于质押给债权人的担保效力。该条规定实际包含了两层意思：一是"移交金钱占有"，二是满足"特定化"形式。具体而言，质押人将其金钱存入约定的保证金账户后，该保证金存款账户仅用于保证项下的支付，仅作为债权的担保，不得作为日常结算账户使用，不得

---

① 该种观点虽然不是目前的主流，但在本案中被上诉人律师就曾以此观点答辩，故在此予以回应。

支取现金，质押人无法支配该账户及账户内资金，债权银行实际上已控制了该账户的使用。就可以认定，已满足了保证金关于"特定化"及"移交占有"的要求。

对于"移交金钱占有"的要件，实践中争议不大，但对于"特定化"的标准在认识上存在较大的差异，尤其是对"保证金池"的操作模式，某些法院认为保证有效期间内保证金账户余额不断变动，被认定为未"特定化"，因而失去保证质押效应，债权人无优先受偿权。对保证金担保的"特定化"的认定标准主要有以下观点：

（一）只要求保证金账户的"特定化"，即在担保合同中约定某一账户为保证金账户，且该账户在银行的管理和控制之下，存款人不得对账户内资金随意进行支配，凡是进入该账户的资金均应被认定为保证金。[①]

（二）只要求担保人和银行在合同中约定担保人某个账户内的资金为保证金，对账户没有特别的要求，可以是担保人的结算账户，账户内只要保持与担保债务相当的金钱即满足"特定化"的要求，银行对这部分资金享有优先受偿权，超出担保份额的资金可以自由流动。[②]

（三）要求担保人和银行在合同中约定保证金账户，且每一笔担保资金对应一个银行账户，该账户在银行的管理和控制下，存款人不能对资金随意支配。[③]

（四）不要求每一笔担保资金对应一个银行账户，但要求担保人和银行开约定专用的保证金账户，多笔保证金存款允许在同一账户下核算，但要求每笔保证金数额和所担保的债务存在一一对应关系，且与各笔保证金所担保债务的总额与账户内的资金总额相当，银行对多余的资金要及时释放。[④]

[①]　实践中相当多的法官认可此种观点。

[②]　原告的法务主管持此观点。

[③]　本案一审法官持此观点。

[④]　本案二审法官持此观点。

（五）只认可信用证开证保证金、承兑汇票保证金的担保效力，不认可其他形式的保证金，往往以不具有优先受偿权为由扣划仍在保证期间内的保函、备用信用证、住房按揭贷款等业务中的保证金。①

笔者认为，这里的"特定化"不应以金额确定或不变为条件，其应是保证金账户的"特定化"，只要银行和客户约定了明确的账户为保证金账户，不论是银行内部账户还是客户账户，那么凡是进入该账户的资金均属保证金，作为债权的担保。金钱作为可分物，银行可对超出担保需要的部分资金予以释放，亦可以根据债权变化要求质押人增加保证金。只要确保账户内的金钱总额与担保的债权总额相当，就应是符合我国相关担保法律规定的。对于同一个账户内有多笔保证金的情况，只要双方明确约定了保证金账户，客户对该账号不得随意使用，支行实际可以控制该账户，并且该账户内的金钱总额与所担保的债务总额相当，能够区分各笔保证金的对应关系就已经符合司法解释规定的"特定化"及"移交占有"的要求。

另外，针对只认可信用证开证保证金、承兑汇票保证金的担保效力，不认可其他形式的保证金的观点，笔者认为，根据最高人民法院、中国人民银行《关于依法规范人民法院执行和金融机构协助执行的通知》②（法〔2000〕21号）规定，对信用证开证保证金和承兑汇票保证金法院不能扣划，银行有优先受偿权。无论信用证开证、承兑汇票，还是开立保函，或者按揭贷款中的开发商保证金，其业务操作模式均一样，其性质都是为债务人的融资业务提供质押担保。所以，只要符合"特定化"和"移交债权人占有"后，无论业务品种，在保证期限内的保证金商业银行都有优先受偿权，这符合法治统一的要求。

---

① 不少法院的执行法官持此观点。

② 《最高人民法院、中国人民银行关于依法规范人民法院执行和金融机构协助执行的通知》，载最高人民法院网站，https：//www. court. gov. cn/shenpan-xiangqing-711. html，最后访问时间：2022年12月29日。

综上，笔者认为实现保证金"特定化"的要求，至少要符合以下三个条件①：一是保证金账户的"特定"，不论是银行内部账户还是客户账户，这个账户必须在协议中明确约定为保证金账户。二是保证金账户在银行的支配下，客户不得随意使用，更不能作为日常结算账户。三是账户内的金钱总额与担保的债务总额在账簿上能够区别每笔保证金和每笔担保债务的对应关系，使同一客户项下的多笔保证金相互区分开来，以确保其与所担保的主合同一一对应即可。

---

① 《最高人民法院关于适用〈中华人民共和国民法典〉有关担保制度的解释》第七十条第一款规定："债务人或者第三人为担保债务的履行，设立专门的保证金账户并由债权人实际控制，或者将其资金存入债权人设立的保证金账户，债权人主张就账户内的款项优先受偿的，人民法院应予支持。当事人以保证金账户内的款项浮动为由，主张实际控制该账户的债权人对账户内的款项不享有优先受偿权的，人民法院不予支持。"

十一、立约定金罚则应适用过错原则

【关键词】 立约定金　过错　合同成立

【裁判规则】

> 立约定金的目的是确保订约各方本着诚信原则积极促成正式主合同的签订，如《定金合同》中对价格、数量、履行期限、履行方式等主要条款没有约定，需要在主合同签订过程中进一步协商的情况下；主合同没能订立时立约定金的适用应根据订约各方对未能签约的过错程度合理划分各方的责任。双方均无明显过错的情况下，不适用定金罚则。

【基本事实】

2012年11月17日，窦某与某中介公司于窦某家中商定：由窦某向某中介公司出租某房屋，口头商定租赁期限为一年。某中介公司向窦某交付了定金3000元，窦某按照某中介公司的要求自下至上填写了《房屋定金合同》。在《房屋定金合同》未填写完毕时（《房屋定金合同》分为上、下两联，下联已填写完毕交付某中介公司，上联出租方处显示"窦"），窦某发现《房屋定金合同》缺少房屋租赁起止日期这一核心条款，遂要求某中介公司在《房屋定金合同》中补充该条款或出具载明房屋租赁起止日期的租赁合同，但均被某中介公司拒绝。双方共同返回某中介公司协商无果。窦某向某中介公司返还了定金3000元，某中介公司向窦某返还了《房屋定金合同》下联。同日下午，窦某交纳了违约金3000元。双方未签订租赁合同。诉讼中，窦某主张其向某中介公司交纳的违约金3000元系某中介公司强行索取，并非其自愿交纳，但未提供证据。窦某认为某中介公司与其签订《房屋定金合同》的行为系蓄谋诈骗，故诉至法院要求确认《房屋定金合同》无效。

【观点分歧】

观点一：在《房屋定金合同》已生效的前提下，给付定金的一方不履行约定债务的，无权要求返还定金，收受定金的一方不履行约定债务的，应当双倍返还定金。《房屋定金合同》中载明，定金交付后任意一方反悔则视为违约，由提出方交付对方双倍定金作为赔偿，现窦某拒绝签约，应承担双倍赔偿责任。

观点二：立约定金的目的是确保双方最大诚意签订正式的房屋租赁合同，但《房屋定金合同》中关于房屋的租赁起止日期等主要条款并没有约定，需要在房屋租赁合同中进一步协商，应根据双方未能签约过错认定各方的责任。

【裁判理由】

北京市朝阳区人民法院一审判决认为：

根据法律规定，定金合同从实际交付定金之日起生效。某中介公司于2012 年 11 月 17 日向窦某交纳了定金 3000 元，该《房屋定金合同》已生效。现窦某以《房屋定金合同》系诈骗合同为由要求确认《房屋定金合同》无效，其提供的证据尚不足以证明，该院对该项诉讼请求不予支持。根据法律规定，给付定金的一方不履行约定债务的，无权要求返还定金，收受定金的一方不履行约定债务的，应当双倍返还定金。《房屋定金合同》中载明，定金交付后任意一方反悔则视为违约，由提出方交付对方双倍定金作为赔偿。窦某向某中介公司返还了定金 3000 元，亦交纳了违约金 3000 元。窦某主张违约金 3000 元系某中介公司强行索取，并非其自愿交纳，但未提供证据，该院对此不予采信，对窦某要求某中介公司返还违约金 3000 元的诉讼请求不予支持。窦某主张某中介公司给其造成了精力、财力、时间损失共 2000 元，亦未提供证据证明该 2000 元已实际发生且系某中介公司的行为所致，该院对窦某要求某中介公司赔偿损失 2000 元的诉讼请求不予支持，判决驳回窦某的诉讼请求。

窦某不服一审法院判决，向北京市第二中级人民法院提起上诉。

北京市第二中级人民法院二审判决认为：

根据窦某与某中介公司签订的《房屋定金合同》，双方交付的定金在性质上属于立约定金，目的是确保双方签订正式的租赁合同，但《房屋定金合同》显示，双方关于房屋的租赁起止日期等主要条款并没有约定。根据双方提供的现有证据表明房屋租赁合同未能签订的原因是双方未能对租赁合同的主要条款达成一致，而且也不能进一步协商，双方均不能提供证据证明未能签订租赁合同的过错在于对方，因此，《房屋定金合同》中关于定金罚则的规定不能适用于本案。某中介公司收取窦某 3000 元违约金没有法律依据，应予以退还。一审法院适用法律错误，应予以改判。判决撤销一审民事判决；某中介公司应于判决生效之日起十日内退还窦某人民币 3000 元。

【法官评析】

《中华人民共和国民法典》第五百八十七条规定："债务人履行债务的，定金应当抵作价款或者收回。给付定金的一方不履行债务或者履行债务不符合约定，致使不能实现合同目的的，无权请求返还定金；收受定金的一方不履行债务或者履行债务不符合约定，致使不能实现合同目的的，应当双倍返还定金。"从学理上划分，定金分为五种类型：（1）立约定金，是指为保证正式订立主合同而交付的定金。（2）证约定金，是指为证明合同的成立而交付的定金，是合同已经订立的证据。（3）成约定金，是指以定金的支付作为合同成立或生效的条件。如果不支付定金，则合同不成立或不生效。（4）解约定金，是指作为保留解除权的代价的定金。即交付定金的一方可以丧失定金为代价而解除合同，收受定金的一方可以双倍返还定金为代价而解除合同。（5）违约定金，是指作为履行合同担保的定金。如果支付定金的一方不履行合同，则丧失定金；如果收受定金的一方不履行合同，则双倍返还定金。立约定金也称订约定金，是指合同当事人为确保合同订立，依据双方当事人的约定，在合同订立前，由一方当事人按照合同标的额的一定比例，预先给付对方当事人的金钱，本案则属于较为典型的立约定金合同。对该条款的适用条件是合同一方"拒绝订立合同"，但对于"拒绝"的内涵是什么、判断标准是什么，没有明确的标准。如果当事人间不能就主合同的条款协商一致，是否可以一概认为是一方当事人拒绝订立主合同，而适用定金罚则？笔者认为，不能作此武断结论，需要具体情况具体分析。

一、立约定金合同的生效要件

立约定金是担保当事人实施订立主合同的行为，但不能担保该主合同一定能够订立成功。实践中，有观点认为立约定金不是担保主合同讨价还价之过程行为而是担保双方根据预设内容正式签约之结果行为，所以立约定金合同也要具备合同法所要求的合同成立的基本条款，即在立约定金合同中当事人对主合同的主要内容要有预设，也就是说对合同的主要条款已经达成合意，只需将来予以进一步细化和确认。如果定金合同中缺乏合同成立的主要条款，定金合同不能成立。该观点与《中华人民共和国民法典》第五百八十六条"定金合同自实际交付定金时成立"的规定相左，不予以过多评述。也有观点认为，根据原《中华人民共和国担保法》第九十条的规定，立约定金应当采用书面合同的方式，合同当事人订立定金合同没有采用书面形式的，定金合同无效。笔者不能认可这种观点，首先，原《中华人民共和国担保法》第九十条的规定不是效力性的强制性规定，其立法目的应该是倡导合同双方采用书面形式，使双方的权利义务更为明确，避免将来产生不必要的争议。此外《中华人民共和国民法典》删去了关于定金合同应当采取书面形式的规定。其次，《中华人民共和国民法典》第四百九十条第二款规定，法律、行政法规规定或者当事人约定采用书面形式订立合同，当事人未采用书面形式但一方已经履行主要义务的，对方接受的，该合同成立。立约定金合同应该同样适用该条规定。因此，可以断定不论是立约定金合同还是履约定金合同都是实践性合同，定金合同从实际交付定金之日起生效，生效要件为实际交付定金。

二、立约定金适用的归责原则

立约定金合同签订后，给付定金或收受定金的一方拒绝签订主合同的，应如何确定责任，司法实践中存在一定的争议。有观点认为立约定金的归责原则应该适用合同违约的严格原则，本案的一审法院就是这种观点。笔者认为，立约定金不应适用严格原则。原因有二：一是适用严格原则违背公平原则。因为立约定金的目的是促成双方签订主合同，但主合同能否签订需要合同双方的进一步协商，取决于合同双方在平等协商的基础上意思是否表示一致。现实中并不是所有的主合同条款都在定金合同中写明，如果适用严格原则，就会造成一方随意拟订不平等、非合理条款迫使另一方接受的局面，如果对方不接受，就有适用定金罚则的风险。这是有违公平原则的，与民法的基本原则不符。可见，《中华人民共和国民法典》第五百八十七条规定的拒绝订立主合同的一方将承担定金罚则不是严格原则，而是有适用条件的。二是相关法律已有相关规定。《最高人民法院关于审理商品房买卖合同纠纷案件适用法律若干问题的解释》（2020 年）第四条规定："出卖人通过认购、订购、预订等方式向买受人收受定金作为订立商品房买卖合同担保的，如果因当事人一方原因未能订立商品房买卖合同，应当按照法律关于定金的规定处理；因不可归责于当事人双方的事由，导致商品房买卖合同未能订立的，出卖人应当将定金返还买受人。"该解释规定的是房屋买卖中立约定金的适用规则，很明显是过错原则。为保证法律适用的一致性，全部立约定金罚则的适用也应参照这个规定。

三、过错原则的具体适用

立约定金合同签订后，给付定金或收受定金的一方拒绝签订主合同的，应当根据合同双方以当事人有无过错来判断责任的负担。具体可分为两种情况讨论：一是定金合同中包含主合同订立的主要条款。这种情形认定有无过错相对比较容易，一方当事人无正当理由拒绝订立合同的，就应该推定其有过错。例如，一方当事人在签订主合同前明确表明拒绝签订主合同或者在订立主合同时提出令对方难以接受的条款。二是定金合同中缺少主合同成立的必要条款。这种情形下主合同的内容须待双方当事人进一步协商确定，当事人承担继续谈判达成主合同的责任。而主合同没有最终签订的原因，可能是多方面的。《中华人民共和国民法典》第五条规定："民事主体从事民事活动，应当遵循自愿原则，按照自己的意思设立、变更、终止民事法律关系。"第六条规定："民事主体从事民事活动，应当遵循公平原则，合理确定各方的权利和义务。"因此，在认定过错的时候，应重点考察合同的当事人是否尽到了谨慎、勤勉、诚信的缔约义务。在司法实践中，认定过错，可采取过错推定方式，即由违约当事人负举证责任证明其没有过错。实践中，主要有三种情况：一是未签订主合同的一方要举证证明自己无过错。只要举证证明自己尽了诚实签订主合同的义务，可不承担定金罚则。大体上包括两个要求：（1）没有向对方强加任何不合理条件。（2）对保密、单独交易等附随义务进行了披露。二是一方能举证证明对方有过错，就可以反击对方无过错的抗辩，对方可能承担定金罚则。例如对方与他人签订了同一合同，对方提出令其难以接受的不合理条件。三是双方举证证明自己无过错，而均不能举证对方有过错导致主合同不能签订的，就为不可归责于双方当事人的原因，不适用定金罚则。对于立约定金，不适用定金罚则的法定情况有：（1）当事人订立了主合同；（2）因不可抗力致使主合同不能订立，即因不可抗力因素致使主合同客观上不能订立，或者订立后客观上不能履行。

根据以上分析，本文所举案件中，《房屋定金合同》中关于房屋的租赁起止日期等主要条款并没有约定，需要在房屋租赁合同中进一步协商。根据双方提供的现有证据，租赁合同未能签订的原因是双方未能对租赁合同的主要条款达成一致，双方均不能提供证据证明未能签订租赁合同的过错在于对方，故不适用定金罚则，接受定金的一方当事人应当原额返还定金。

十二、保险公司行使代位追偿权要看被保险人对第三者是否享有利益

【关键词】 追偿权　保管　保险

【裁判规则】

> 在财产保险合同纠纷中，保险公司行使代位权的前提是投保人对第三者享有赔偿请求权。如第三者按照合同约定已经履行了对投保人的赔偿，第三者对被保险人的抗辩可以向保险公司主张。

【基本事实】

2012年8月，白某从其居住小区的某车辆管理公司办理了停车证并交纳了600元停车费，期限自2012年8月9日至2013年8月8日；停车证上特别注明：车辆进入停车场后，因驾驶人员自身责任、原因及第三方因素导致本人或他人车辆受损、盗抢或丢失的，责任车主自负，车辆管理公司不负责理赔。白某向某保险公司投保了机动车损失险、盗抢险等商业险种，机动车盗抢险保险金限额为413200元；保险期间自2012年3月22日至2013年3月21日。2012年11月5日，白某发现车辆被盗并向公安机关报案，公安机关立案后车辆尚未找回。2013年1月28日，某保险公司向白某赔偿了391887.14元。2013年3月10日，白某与某车辆管理公司达成一次性赔偿协议，某车辆管理公司一次性赔付白某车辆丢失完结后相关其他经济损失4万元。后某保险公司起诉某车辆管理公司，认为白某与某车辆管理公司之间存在保管关系，某车辆管理公司存在保管不善的过错责任，白某与某车辆管理公司的约定为格式条款并且约定因违法而无效。某保险公司向白某赔偿了391887.14元后并取得了代位追偿的权利。某车辆管理公司认为自己在管理车辆过程中没有

过错，车辆是被其他人偷盗的，且自己已按约定给付了白某赔偿金。

【各方观点】

观点一：某车辆管理公司负有看管车辆的义务，因其管理不善、未尽妥善保管的义务造成了车辆的丢失，属于第三者对保险标的的损害而造成保险事故的情形，某保险公司可向某车辆管理公司代位追偿。

观点二：按照某车辆管理公司与白某签订的协议，某车辆管理公司只赔偿业主车辆丢失后扣除保险金部分，某车辆管理公司可依据和白某的保管协议对抗某保险公司的代位追偿权。因此，某车辆管理公司已经依约向白某赔偿了4万元，某保险公司向某车辆管理公司的代位追偿权不能成立。

观点三：白某与某车辆管理公司的约定属于格式条款，并且侵犯了保险公司的代位追偿权，属于无效的格式条款。某保险公司仍可以向某车辆管理公司追偿。

观点四：根据白某与某车辆管理公司达成的协议，白某故意放弃要求某车辆管理公司承担全部保管责任，属于"被保险人故意或者因重大过失致使保险人不能行使代位请求赔偿的权利的，保险人可以扣减或者要求返还相应的保险金"。某保险公司可要求白某退还一定的保险金。

观点五：白某从其居住小区的某车辆管理公司办理了停车证并交纳了600元停车费，该600元不是停车保管费的性质，而是租赁停车位使用费，白某和某车辆管理公司之间是租赁关系不是保管关系。某保险公司不可以向某车辆管理公司行使代位追偿权。

【裁判理由】

北京市朝阳区人民法院一审判决认为：

保险代位求偿权是指在财产保险合同中，保险人于赔偿被保险人损失后，所取得的被保险人享有的依法向负有民事赔偿责任的第三人请求赔偿的权利。保险代位求偿权在性质上属于债权请求权，是保险人将自己置于被保险人的地位，代替被保险人向第三人行使债权请求权，这种请求权所依据的并非保险人对第三人的债权，而是被保险人对第三人的债权。因此，保险人在行使保险代位求偿权的过程中，第三人对被保险人的抗辩转向对保险人主张。

本案中，白某与某车辆管理公司之间系保管合同关系，根据停车证的约定，在白某车辆发生盗抢的情形下，某车辆管理公司不负赔偿责任。车辆丢失后，某车辆管理公司已向白某支付了车辆价款与保险理赔金的差额部分，某车辆管理公司对车辆丢失所负的赔偿义务已履行完毕。某车辆管理公司向白某支付的赔偿款并无不当。在某车辆管理公司已履行了车辆丢失赔偿责任的情况下，某保险公司再要求某车辆管理公司向其承担赔偿责任，缺乏事实及法律依据。判决驳回某保险公司的诉讼请求。

某保险公司不服一审法院判决，向北京市第二中级人民法院提起上诉。

北京市第二中级人民法院二审判决认为：

根据证据规则，一审法院可以结合全案的证据，对当事人提供的个别证据进行认证和采信，因此，一审法院没有认定某保险公司提交的证据以及认定白某证人证言属于法院职权范围，根据一、二审审理查明的事实，一审法院的证据认定并无不当。

根据查明的事实，某车辆管理公司与白某之间存在保管合同关系，双方就车辆在保管期间丢失的赔偿事宜进行了明确约定，车辆被盗后，某车辆管理公司作为车辆保管人已按照保管合同的约定向白某支付了赔偿款，某车辆管理公司对车辆丢失所负的赔偿义务已履行完毕。某车辆管理公司向白某支付赔偿款是基于双方的保管关系，并无不当。在某车辆管理公司已依约履行完毕车辆丢失的赔偿责任的情况下，某保险公司再要求某车辆管理公司向其承担赔偿责任，缺乏事实及法律依据。

关于某保险公司提出《停车场车辆停放规定》涉及的赔偿条款为格式条款应认定无效的主张。法院认为，某车辆管理公司与白某之间的保管关系是双方自愿建立的，《停车场车辆停放规定》中的赔偿条款并非未经双方协商的格式条款，故某保险公司提出的上述主张，缺乏事实及法律依据，法院不予支持。判决驳回上诉，维持原判。

【法官评析】

保险代位追偿权又称保险代位权，是指保险人享有的，代位行使被保险人对造成保险标的损害负有赔偿责任的第三方之索赔追偿权的权利。对于代位追偿权的性质，主要有三种学说：债权拟制转移说、赔偿请求权说、债权移转说。根据大陆法系通说，保险代位求偿权制度的性质是法定的债权转移[①]。即保险代位求偿权作为一种权利，是保险人对被保险人的权利。就代位追偿权的实质来讲，它当属债权请求权。代位追偿权产生原因主要有三种：侵权行为、合同责任、不当得利。目前对保险公司有权行使代位追偿权已无争议，但代位追偿权的行使在具体保险和司法实务中却存在一定的争议，比如代位追偿权实现的前提和对象是什么？具体的条件又有哪些？这些条件的评判标准又是什么？对于这些问题司法实践中认识不统一，笔者将结合司法实践对这些问题进行逐一讨论。

一、保险公司行使代位追偿权的前提和对象

笔者认为，根据《中华人民共和国保险法》（2015 年）第六十条第一款的规定，保险公司承担赔偿责任后向第三者代位追偿的前提是"第三者对保险标的的损害"。通俗地讲，就是有投保人或受益人以外的第三方对保险标的造成了损害。根据此规定保险公司行使追偿权的前提是保险标的受到了第三者的损害。对于什么是"损害"，保险法并没有具体的规定，《现代汉语词典》[②] 解释为："使事业、利益、健康、名誉等蒙受损失。"因此，笔者认为，法律意义上的"损害"应理解为第三者主动实施一定的侵害行为，或者在明知、应知应当积极实施某种保护行为时怠于实施对保险标的的保护，即第三

---

① 最高人民法院民事审判第二庭编著：《最高人民法院关于保险法司法解释（四）理解与适用》，人民法院出版社 2018 年版，第 255 页。

② 引自《现代汉语词典》，商务印书馆 1978 年版，第 1091 页。

者应当在主观上、客观上都有一定的过错。因此，保险公司行使追偿权的对象应该是第三者，根据法律的规定，"第三者"不包括家庭成员或组成人员的过失行为，在司法实践和行业惯例中，也不包括车辆所有权人合法授权的具有驾驶资质的使用人，但应要求使用人达到了等同于自有财产的关注程度，主观上没有损害保险车辆的故意，客观上也没有损害保险车辆的行为。对前述"第三者"保险公司不能向其行使代位追偿权。

二、代位追偿权的实现条件

根据《中华人民共和国保险法》（2015年）第六十条规定①，保险代位追偿权是指在财产保险合同中，保险人于赔偿被保险人损失后，所取得的被保险人享有的依法向负有民事赔偿责任的第三人请求赔偿的权利。保险代位追偿权在性质上属于债权请求权。保险人代位求偿权的法律效果，是被保险人对损害保险标的之第三者享有的债权，在保险赔付的范围内，依法转移至保险人。保险人将自己置于被保险人的地位，代替被保险人向第三人行使债权请求权，这种请求权所依据的并非保险人对第三人的债权，而是被保险人对第三人的债权。因此，保险人在行使保险代位追偿权的过程中，第三人对被保险人的抗辩转向对保险人主张。

对于代位追偿权的成立要件，按照法律的规定，一般应具备三个：一是保险人因保险事故主对第三者享有损失赔偿请求权。保险事故是由第三者造成的，根据法律或合同规定，第三者对保险标的的损失负有赔偿责任，被保险人对其享有赔偿请求权。第三人对被保险人的抗辩可以对抗保险人。二是保险标的损失原因属于保险责任范围，即保险人负有赔偿义务。如果损失发

---

① 《中华人民共和国保险法》（2015年）第六十条规定："因第三者对保险标的的损害而造成保险事故的，保险人自向被保险人赔偿保险金之日起，在赔偿金额范围内代位行使被保险人对第三者请求赔偿的权利。前款规定的保险事故发生后，被保险人已经从第三者取得损害赔偿的，保险人赔偿保险金时，可以相应扣减被保险人从第三者已取得的赔偿金额。保险人依照本条第一款规定行使代位请求赔偿的权利，不影响被保险人就未取得赔偿的部分向第三者请求赔偿的权利。"

生原因属于除外责任，那么保险人就没有赔偿义务，也就不会产生代位追偿权。三是保险人给付了保险赔偿金。对第三者的赔偿请求权转移的时间界限是保险人给付赔偿金，并且这种转移是基于法律规定，不需要被保险人授权或第三者同意，即只要保险人给付赔偿金，请求权便自动转移给保险人。

三、保险双方在代位追偿中的权利义务

保险人的权利义务。保险人的权利是保险人在赔偿金额范围内代位行使被保险人对第三者请求赔偿的权利。保险人的义务是保险人追偿的权利应当与他的赔偿义务等价，如果追得的款项超过赔偿金额，超过部分归被保险人。被保险人的权利义务。在保险赔偿前，被保险人需保持对过失方起诉的权利；不能放弃对第三者责任方的索赔权；由于被保险人的过错致使保险人不能行使代位请求赔偿的权利的，保险人可以相应扣减保险赔偿金；被保险人有义务协助保险人向第三责任方追偿；被保险人已经从第三者取得损害赔偿的，保险人赔偿保险金时，可以相应扣减被保险人从第三者已取得的赔偿金额。

就本案来讲，不论每年白某交纳的 600 元为何性质，某车辆管理公司与白某之间形成保管关系，双方并无异议。某车辆管理公司对保管的车辆负有保管义务，根据双方的约定，如果某车辆管理公司由于保管不善，造成车辆发生盗抢，就应该依约赔偿。某车辆管理公司与白某之间的保管关系是双方自愿建立的，《停车场车辆停放规定》中的赔偿条款并非未经双方协商的格式条款，双方约定合法有效。本案中，根据某车辆管理公司与白某的约定，在白某车辆发生盗抢的情形下，某车辆管理公司向白某支付了车辆价款与保险理赔金的差额部分，其对车辆丢失所负的赔偿义务已履行完毕，取得了对抗某保险公司的抗辩权。在某车辆管理公司已依约履行了车辆丢失赔偿责任的情况下，某保险公司再要求某车辆管理公司向其承担赔偿责任，缺乏事实及法律依据。通过本案的审理，从法律上厘清了代位追偿权的追偿前提、对象、条件，从而廓清了追偿权的限制情形，对该类案件的审理具有一定的指导意义。

第四章　违约责任有关问题

十三、电子银行账户内损失应根据当事人过错责任大小分担

【关键词】 电子银行　盗刷　过错

【裁判规则】

> 电子银行被他人盗刷或恶意转账，在无法找到盗刷人的情况下，各方责任划分应坚持过错原则；详细查明损失是持卡人使用、保管不善造成的，还是由于电子银行系统本身存在漏洞或者银行没有尽到提示告知义务造成的，随后再根据双方的过错大小，合理划分双方的责任。

【基本事实】

2015 年 5 月 11 日，金某向甲银行某储蓄所申请办理了一张储蓄卡，并开通该账户的网上银行服务。金某在该《签约回执》上签名，领取了网银盾。并在柜台工作人员的指导下登录了网上银行，购买了 10 万元平衡型理财产品。5 月 12 日，金某储蓄卡账户上 10 万元理财产品被赎回并被他人转走。6 月 7 日，金某向北京市公安局朝阳分局报案。上述转账行为是通过手机银行进行的。

金某认为，银行存在以下过错：1. 未告知其通过网上银行可以开通手机银行并进行转账；2. 办理手机银行的手机号码与金某在柜台预留号码不一致而未通知金某；3. 银行网上银行系统存在漏洞。故金某诉至法院，要求甲银行某储蓄所返还存款本金100791.09 元，向其赔偿利息（以100791.09 元为基数，按照中国人民银行同期活期存款利率的标准，自 2015 年 5 月 11 日起计算至实际给

付之日止），并承担本案诉讼费。甲银行某储蓄所答辩称：本案是典型的私人密码使用案件，只要客观上在交易中使用了私人密码的人，如无免责事由，则视为交易中本人使用私人密码从事了交易行为，本人应承担相应责任；客户办理网上银行签约，必须携带身份证到柜台亲自办理；本案涉及的资金流转过程必须提供金某签约账户的密码、网上银行密码、网银盾密码与网银盾介质本身，同时附加金某的私密信息，才有可能完成，现不能排除金某自己使用的可能性，金某也并未证明自己有损失；甲银行某储蓄所通过书面、口头的形式向金某说明了网上银行的特点、功能、签约方式、风险控制等方面的信息，尽到了通知义务；金某并未提供充分证据证明甲银行某储蓄所的行为和金某的损失之间有因果关系，亦未提供证据证明银行系统存在问题。银行已经尽到了安全保护义务，金某要求银行承担责任没有事实和法律依据，应驳回金某的诉讼请求。

【观点分歧】

观点一：银行有妥善保管储户账户内资金的义务。电子银行系统由银行开发，其安全措施特别是加密技术理应保护储户密码不被破解，防止不法分子破解密码超出了储户的能力和义务，因安全技术存在漏洞所造成的损失，银行应承担全部责任。不法分子通过犯罪手段，取走的是由银行占有和支配的财产，应当由银行承担后果。另外，银行没有对电子银行的使用尽到充分告知义务的也要承担相应的责任。

观点二：客户作为银行卡及密码的唯一持有人，其本人应当妥善保管银行卡，不使银行卡脱离控制而被他人复制。客户应有保密义务，使用银行卡过程中应采取妥当措施避免自己的密码泄露，作为电子银行中广泛运用的私人密码，它具有三个基本功能：一是私人密码的使用表明对交易者身份的鉴别及对交易内容的确认，从而起到电子签名的功能。二是私人密码的使用表明本人进行了交易行为。三是私人密码的使用表明交易是在保密状态下进行的，任何第三者都不知道交易内容。储户可通过银行卡的取款密码、网上银行的登录密码、网银盾的使用密码以及网银盾等措施保护自己的资金安全。这些密码的使用应该适用"本人行为原则"来判断。客户由于未尽妥善保管的义务，造成的损失应当由其自行承担。同时，储户的损失由不法分子造成的，应当向不法分子追索。储户与银行签订了电子银行使用协议，足以证明银行尽到了相应的告知义务。

观点三：密码被破解的风险是在电子化交易下产生的，对于这种风险的防范义务，应当由从该风险中获得最大利益的银行承担，不能将其损失全部转嫁到储户身上。法院应该根据查明的事实，详细地分析造成损失的原因，按照银行与储户的过错大小，合理地划分责任。

【裁判理由】

北京市朝阳区人民法院一审判决认为：

金某在甲银行某储蓄所办理储蓄卡并存款，甲银行某储蓄所为其出具相应单据，在金某与甲银行某储蓄所之间形成储蓄合同关系，此合同是双方当事人的真实意思表示，内容不违反国家法律、行政法规的强制性规定，应属合法、有效。金某签字确认已经阅读并且同意遵守的《电子银行服务协议》是储蓄合同关系中明确双方权利义务的具体文件之一。金某开通的网上银行业务需凭密码和其他身份认证要素进行交易，且身份证号码、密码等信息系储户的私人信息，网银盾亦是储户个人财物，故双方约定客户账户凭密码操作的损失自行承担的条款不属于免除银行责任、加重客户责任、排除客户主要权利的情形，不违反公平原则，金某认为该条款应属无效的主张没有法律依据，该院不予采信，合同当事人均应当如约履行义务。

金某称银行未告知其可以通过网上银行开通手机银行，并且通过手机银行能够转账，导致其在不清楚风险的前提下激活网银盾，甲银行某储蓄所存在过错。就此，该院认为，金某在签名确认的《服务申请表》中明确表示已阅读并同意遵守《电子银行服务协议》等文件，《电子银行服务协议》明确约定了上述服务功能及流程，可认定甲银行某储蓄所已经向金某告知网上银行和手机银行的开通渠道和使用功能，故对金某的该项意见该院不予采纳。甲银行某储蓄所关于其已履行告知义务的答辩意见成立，该院予以采纳。金某名下的储蓄卡账户开通手机银行服务、绑定手机号码是通过密码及其他身份认证要素进行操作的，按照约定应当视为金某本人所为；鉴于一人拥有多个手机号码属于正常情况，且并无合同约定或法律规定手机银行绑定的手机号码与客户在柜台预留号码不一致的情况下银行应另行通知客户，故金某认为银行就此存在过错的主张该院不予采纳。

本案中，金某称其未向他人泄露银行账号密码或者不当使用过网银盾，但其储蓄卡的三次转账行为均是通过手机银行操作的，而其账号的手机银行服务是通过网上银行开通的，双方均认可通过网上银行开通手机银行服务需要输入金某的身份证号和网上银行密码登录网上银行后，并插入金某的网银盾方可办理。金某称其账户密码和网银盾一直处于其本人控制下，但未提供证据证明转账交易非其本人或授权他人所为，亦未排除由于金某自身过错导致他人获得其身份认证信息从而实现转账的可能。金某现有证据无法证明甲银行某储蓄所的交易系统存在漏洞或安全隐患造成其账号密码泄露，也不足以证明甲银行某储蓄所在金某的账户内资金被转出过程中存在违法或者违约行为。因此，金某要求甲银行某储蓄所履行支付存款义务的诉讼请求，证据不足，该院不予支持。一审法院判决：驳回金某的诉讼请求。

金某不服一审法院判决，向北京市第二中级人民法院提起上诉。

北京市第二中级人民法院二审判决认为：

根据该院查明的事实，金某系于2011年5月11日上午办理了储蓄卡并存款，与甲银行某储蓄所建立了合法有效的储蓄合同法律关系。之后，金某为满足个人投资需求，又与甲银行某储蓄所签约，开通网上银行购买理财产品。其中《电子银行服务协议》中对各项服务内容、功能、使用方法及安全注意事项均予以了介绍和提示说明。金某在《服务申请表》上"客户确认"

栏的签名，表明其基本了解该银行业务的服务功能和流程，有一定的认知和使用能力。故金某认为甲银行某储蓄所没有告知其使用网上银行相关事项的上诉理由不能成立。

金某称在其办理储蓄卡及网上银行的过程中，银行账户密码、登录密码及网银盾均由其自己设置和保管。双方现均认可通过网上银行开通手机银行服务，需要输入金某的身份证号和登录密码，并插入金某的网银盾方可办理。故该院认为金某对其密码负有妥善保管的义务。金某现有证据不能证明是甲银行某储蓄所的交易系统存在漏洞或安全隐患导致密码泄露，造成其经济损失。金某主张甲银行某储蓄所关于客户凭密码操作的损失自行承担的条款无效的上诉理由亦不成立。二审法院判决驳回上诉，维持原判。

【法官评析】

随着新型电子技术的快速发展，电话银行、手机银行等新型电子银行业务逐渐进入我们的生活，这种新型电子银行和银行卡绑定后，除了现金取款外，几乎所有银行服务都可以通过拨打电话、手机上网等途径完成，例如转账、定期存款、投资股票、基金、刷卡消费等。这种新型电子银行的使用极大地方便了人们的生活，但由于电子银行作为新事物，在成长过程中也存在一些不完善之处，引发了不少纠纷，涉及储户、银行、商户三方利益，社会影响大，案件处理不当，不仅会损害三者各自的利益，也会阻碍电子银行的发展。

一、认定银行卡各方主体过错的考量因素

通过对受理的该类案件进行梳理，如下问题引起了笔者的注意，可以在诉讼中作为认定过错的重要事实。

（一）银行有没有充分履行告知义务

有些银行的电话支付功能是不需申请自动开通的，只要持有信用卡就有电话支付功能，并且不能取消。开通电话银行的银行卡，包括储蓄卡、信用卡都有两个密码，即取现密码和电话银行密码，前者需要在柜台修改，后者需要电话修改，在柜台修改取现密码后，电话银行密码并没有同时修改。银行工作人员对此没有对储户进行充分的告知。在我们审理的案件中，消费者往往对取现密码比较关心，对电子银行密码重要性认识不足，甚至有的人根本就没注意到电话银行密码的问题，使其处于默认状态。正是这个"误区"，让不法分子钻了空子，其可以使用银行卡的电话银行业务进行转账、消费等业务。在上述情况下，可以认定银行有一定过错。

（二）电子银行本身是否存在管理漏洞

有的银行为追求自己的利润，没有对一天内储蓄卡电子转账、信用卡消费设定最高限额，这给不法分子一次性大额盗刷、转账提供了机会。还有的银行在信用卡消费中，只凭消费密码，根本不核实签名的真实性，在预留持卡人签名和消费签名不符的情况下仍予以划款。在电话支付过程中，商户的核对程序非常简单，只要持卡人提供卡号、有效期及验证码即可，且并不限于储户本人使用。储户信用卡一旦丢失，或者卡片信息被他人窃取，不法分子可能通过假冒身份使用储户的信用卡进行消费。一些银行虽然会在电话支付后向储户发送预授权短信，但结算时往往不会再通知持卡人，客户取消预授权在某些时候也并不等于取消交易，解释权在商户而非客户，由于商户和银行的密切关系，使得纠纷发生时，银行难免会遵从商户的指令，而非持卡人的指令。在上述情况下，可以认定银行有一定过错。

（三）储户是否尽到安全保密责任

有的储户在使用银行卡时，不注意保密，密码被他人盗走，甚至还有的客户随意将银行卡交给他人使用，也无意间泄露了个人信息和密码。不法分子利用各种手段复制该银行卡后非法进行转账或消费。还有的持卡人为了方便记忆，设置的密码较为简单，比如出生日期、银行卡后六位等，一旦该银行卡的其他身份认证信息被不法分子获得，该银行卡密码就很容易被破解。在上述情况下，储户就存在一定的过错。如果储户采取凭签名消费的方式，或者采用数字、字母组合密码和签名的双重保护，或者设定了电子银行最高转账额度，这些情况可以证明储户尽到了一定程度的谨慎义务。

二、举证责任的分配问题

（一）储户的举证责任

根据中国人民银行发布的《银行卡业务管理办法》第三十九条规定，发卡银行依据密码等电子信息为持卡人办理的存取款、转账结算等各类交易所产生的电子信息记录，均为该项交易的有效凭据。发卡行可凭交易明细记录或清单作为记账凭据。储户在收到短信、得知银行卡被盗刷或被转账时，应第一时间收存好证据，证明卡在自己身上并证明自己不在银行卡被盗刷地，没有"作案时间"等。可到就近的营业点查询银行卡的余额并索取凭条等。①

（二）银行系统安全性的举证责任

现实中，银行掌握并控制着储户登记资料、资金存储、数据交换、加密算法、交易设备、交易监控等一切信息及技术。相对于普通储户来讲，银行在储蓄合同及交易过程中都占有积极和主导的地位，就银行卡或者交易系统安全性方面的举证能力来讲，银行的举证能力较强。因此，银行应对自身无过错，尽到了保障储户银行卡及密码安全的义务，也就是银行要对银行卡具有可识别性和唯一性、电子系统无漏洞等安全保障问题承担举证责任。就本案来讲，对于"盗刷者进行消费是否使用伪卡"一事，应由银行举证银行卡不可能被复制并使用。如果银行不能证明银行卡是安全可靠的就应该承担没有尽到安全保障义务的责任。

（三）储户过错的举证责任

对于"由谁来举证证明储户的过错"问题，实践中争议很大。如果由储户证明自己无过错，在实践中又会有哪个当事人主动承认自己有过错，但问题是如果把举证责任分配给储户，储户不能证明自己无过错，又会承担相应的

---

① 王国才：《银行卡被盗刷后的民事责任承担》，载《人民法院报》2012 年 11 月 29 日。

责任，这对确实没有过错的储户来讲不公平。笔者认为，在案件审理中首先要求储户对银行卡密码的保管、银行卡的使用是否尽到了谨慎的注意义务进行解释说明，接着要求银行对储户在银行卡的使用过程中有过错进行举证。正如上文分析的那样，银行的举证能力高于一般储户，因此，在储户尽到合理说明的前提下，由银行对储户有过错承担举证责任。如果有证据证明，第三人利用银行的管理漏洞，采取先进作案手段，窃取储户的个人信息并伪造借记卡等进行骗取钱财。本案中，在无法查明密码泄露原因、储户过错的情况下，应由银行承担责任，不能推定储户有过错。

三、坚持过错责任原则，妥善认定当事人过错

个人银行卡被不法分子恶意消费或转账，给持卡人造成了较大的经济损失，损失形成的原因很复杂。有的纯粹是个人的原因，有的银行也有过错，甚至个别的商户也存在过错。在此种情况下，法院应根据当事人的过错程度进行相应的判决。对于储户未能尽到对自己的银行密码等重要信息的保密义务，致使他人控制其账户并将其存款转走或者进行信用卡刷卡消费，该损失应该由储户自己承担。对于银行未能尽到充分的注意义务或者管理上存在漏洞，给储户造成不必要损失，按照过错程度承担相应的责任。商户存在过错的，也要承担相应的责任。

在本文所提到的案件中，银行在与金某签订协议过程中，已告知了金某相应的权利和义务，并采取把字体加黑等措施提醒金某注意特别条款。另外，金某称其账户密码和网银盾一直处于其本人控制下，但未提供证据证明转账交易非其本人或授权他人所为，亦未排除由于金某自身过错导致他人获得其身份认证信息从而实现转账的可能。同时，金某也没有提供证据证明甲银行某储蓄所的交易系统存在漏洞或安全隐患造成其账号密码泄露。因此法院根据过错原则，判决驳回金某的诉求是符合法律规定的。

十四、银行卡被盗刷后各方责任认定审理规则的构建

【关键词】 盗刷　安全　举证责任

【裁判规则】

> 银行卡盗刷案件的处理应根据当事人的过错程度进行相应的损失分担。银行应对自身尽到安全保障责任承担举证责任。如储户能够证明非自身原因造成银行卡被盗刷的情况下，银行应承担全部损失的赔偿责任。

【基本事实】

2005年8月，邓某在某银行大望路支行开户办理借记卡1张，该卡正面及背面均为黑色，正面左下角标注"deng××"字样，背面持卡人签名栏上有邓某签名。其中领用合约中约定了"凡使用密码进行的交易，均视同本人所为，领取借记卡时，应立即在卡背面的签名栏中签上与申请表相同的姓名，否则由此产生的损失由持卡人自行承担"。2011年11月7日，诉争借记卡账户资金发生两笔金额分别为15万元和15.45万元的刷卡消费（合计30.45万元）。刷卡消费成功后，某银行大望路支行立即向邓某手机发送两条消费短信告知诉争借记卡被异地消费的情况。邓某提出11月7日在北京的公司上班，工作繁忙，并未注意该两条消费短信。诉讼中，邓某提交公司监控录像及相关证人证言以证明其在刷卡当日在北京公司上班。

2011年11月8日早上，邓某发现该两条消费短信后立即向客服电话报案并挂失。同日，邓某向朝阳分局报案，现朝阳分局经侦大队对该案正在侦查当中。经一审法院与朝阳分局经侦大队联系，得知诉争借记卡的两笔消费的刷卡底单的签名为"杨某某"，非"邓某"字样，监控录像中显示的刷卡人为男性，但刷卡人外貌特征与邓某不相符，刷卡人使用银行卡的背面系白色，

与邓某的诉争借记卡存在明显不同（邓某的诉争借记卡正面及背面均为黑色）。20 日，邓某之妻李某某曾在诉争借记卡的消费底单上以持卡人名义签署了"邓某"字样。

【观点分歧】

观点一：因公安机关已经立案侦查，刑事案件未审结之前无法确认某银行大望路支行是否存在责任且证据不足以证明涉案的交易系伪卡盗刷，应驳回起诉。

观点二：在真实有效的储蓄存款合同关系的情况下，某银行大望路支行应保障储户的存款安全，在没有充分证据证明邓某对其持有的借记卡没有妥善保管情况下，银行应承担责任。

【裁判理由】

北京市朝阳区人民法院一审判决认为：

某银行大望路支行作为金融机构，负有保证邓某账户内存款安全的基本义务。通过公安机关调取的监控录像显示刷卡人的外貌特征与邓某不相符，且使用的银行卡的外观也与邓某的银行卡明显不相符，故可以认定系他人利用非法复制的伪卡在异地进行刷卡消费。某银行大望路支行作为专业机构，其向邓某发放的储蓄卡应具有可识别性和唯一性，是持卡人据此向银行及相关终端机刷卡提款消费的唯一凭证。但邓某涉案账户存款被他人持有复制的伪卡在异地刷卡消费的过程中，某银行大望路支行未能准确识别伪造银行卡导致邓某涉案账户内的存款被盗取。某银行大望路支行在履行双方合同过程中未能尽到谨慎审查义务，已构成违约。邓某作为持卡人也应当妥善保管银行卡及其密码，防止因密码泄露造成的经济损失。结合本案具体情况，该院依法酌定某银行大望路支行对邓某账户内被盗刷的存款及利息损失承担一定比例的责任。一审法院判决某银行大望路支行于该判决生效后十日内赔偿邓某存款 121800 元及利息，驳回邓某的其他诉讼请求。

某银行大望路支行不服一审判决，向北京市第二中级人民法院提起上诉。

北京市第二中级人民法院二审判决认为：

《中华人民共和国商业银行法》第六条规定："商业银行应当保障存款人的合法权益不受任何单位和个人的侵犯。"本案在邓某与某银行大望路支行之间存在真实有效的储蓄存款合同关系的情况下，某银行大望路支行应保障储户的存款安全，其中包括对储户信息安全保障义务，即首先要对所发的银行卡本身的安全性予以保障，防止储户信息、密码等数据被轻易盗用；其次应保证其服务场所、系统设备安全使用。

某银行大望路支行之所以必须履行上述合同义务，首先是基于合同交易方式电子化的要求，通过银行提供的机器，只要输入了储户的信息和密码，机器就视作储户本人在进行交易，即使该信息和密码是盗取的也无从识别，因此银行对储户资金支付安全的保障义务就应当相应扩大至对储户信息和密码的保障；其次是从收益和风险相一致的要求看，电子化交易下，银行避免了对取款人身份的书面审查，但从经济上获取收益，因此对潜在的风险及危险的发生负有防范和制止义务；最后是银行作为经营者对自己的服务设施、设备的性能和服务场所的安全情况比储户有更多的了解，也具有更加强大的力量和更为专业的知识，更能预见可能发生的危险和损害，更有可能采取必要的措施防止危险的发生。

根据本案查明的事实，邓某持有的作为储蓄合同凭证的真借记卡并没有进行交易，而是犯罪嫌疑人利用伪造复制的借记卡，在POS机使用，表明该借记卡不具有唯一的可识别性，从一个侧面证明了银行卡系统存在一定的安全隐患，主要是指银行卡背面的磁条信息容易被复制。故法院认为某银行大望路支行在合同履行过程中存在未尽到安全保障的违约行为。

根据我国法律在违约责任规则原则上采取的严格责任原则，不论违约的当事人主观上有无过错，只要不是依照合同约定或者法律规定可以免责的事由，就必须承担违约责任。现某银行大望路支行并没有充分证据证明邓某对其持有的借记卡没有妥善保管或合理使用，因此其主张邓某没有尽到妥善管理借记卡和密码义务所产生的损失应自行承担，缺乏事实和法律依据。二审法院判决：撤销北京市朝阳区人民法院一审民事判决；某银行大望路支行于判决生效后十日内赔偿邓某存款 304500 元及利息。

【法官评析】

通过调研，笔者认为对于恶意盗刷银行卡案件法院在处理上的具体分歧是：在程序上，有的法院根据"先刑后民"的原则来推后处理，有的法院则直接进入实体处理。在实体处理上，则集中在对举证责任的分配，即对于银行是否尽到安全义务、储户是否尽到妥善保管银行卡和密码义务的举证责任分配分歧以及责任认定标准的分歧。为解决上述分歧，笔者认为，可将安全保障义务引入储蓄存款合同。

一、理论之维：安全保障义务引入合同之诉的法理分析

银行卡被盗刷，犯罪分子盗取的资金是银行的还是储户的？对于这个问题的回答实质是解决储蓄存款合同如何定性的问题。探究储蓄存款合同性质，明确银行的安全保障义务限度，准确界定银行与储户各自的义务，才能合理地划分银行卡被盗刷后的民事责任。

（一）储蓄存款合同法律性质的分析

关于储蓄存款合同的性质，主要有三种学说：一是债权说。该学说认为，储蓄存款合同在性质上属于消费借贷合同，储户将其存款所有权转移给银行的同时，相应地从银行取得与存款本息数额相等的债权。[①] 二是物权说。该学说认为，储蓄存款合同在性质上属于保管合同。储户对于自己的银行账户资金仍享有所有权，银行对存入的资金仅取得利用权；而储户作为转让资金利用权的代价，取得随时或以存款合同的约定取回存款的物权请求权以及存

---

① 曹新友：《论存款所有权的归属》，载《现代法学》2000 年第 2 期。

款利息的支付请求权①。三是债权化物权说。该学说认为，储户一旦将货币存入银行，其所有权就发生了转移。但储蓄存款关系不同于普通的债权债务关系，与其他银行债权人相比，储户享有优先权利。②

笔者认为，上述三种学说各有其合理之处，也从不同的侧面揭示了储蓄存款合同的特点。但从实务上讲，储蓄存款合同作为无名合同有其特殊性，不宜直接归类于保管合同或借款合同。应根据其具备的特殊性质，具体研究该合同双方当事人的权利义务。对于储蓄存款合同来讲，储户的义务限于妥善保管、规范使用银行卡、密码及泄露后及时挂失等。而对于银行来讲，其应负有两项基本义务：一是给付义务，包括及时给付与准确给付。即收到储户交易指令后及时、准确地向储户及其授权的人给付。二是切实保障储户账户资金安全的义务，包括交易环境和交易过程的安全。在我国目前的法律框架内，只有安全保障义务最能涵盖银行的准确给付和确保资金安全义务的全部内涵，且涵盖的范围更广一些。

（二）安全保障义务引入合同之诉的学理分析

现代民法理论认为经营者须承担安全保障义务主要有三个理论依据：一是风险和收益相一致的要求，二是危险控制理论的要求，三是节省社会总成本的要求。③ 除了传统理论的支持外，笔者认为将安全保障义务引入合同之诉还存在两个重要的原因：一是应对大数据时代的挑战。互联网技术的发展推动大数据时代的到来。银行等经营者不仅要负责储户存入资金的安全，同时还要掌握储户的交易习惯、交易隐私等数据信息，银行的安全保障责任已不局限于储户资金的安全，现实的需要对银行的安全责任提出了更高的要求，

---

① 孟勤国：《物权二元结构论——中国物权制度的理论重构》，人民法院出版社 2002 年版，第 35~50 页。

② 斯海明：《论银行保证金的物权效力》，人民法院出版社 2009 年版，第 52~60 页。

③ 吴宏、丁广：《合同法视野下的金融机构安全保障义务》，载《人民司法》2009 年第 12 期。

这种现实的需要是合同之诉引入安全保障义务的社会学原因。二是顺应国际加强消费者保护的立法潮流需要。随着 2008 年金融危机的爆发，一些发达国家逐渐认识到引发金融危机的重要原因是缺少对消费者的应有保护，纵容金融机构的不审慎行为。保护消费者的理念在世界各国呼声越来越高，成为后金融危机时期各国金融监管当局反思和改革的重要内容。有学者认为，现代金融法的核心主体和核心目标是以金融消费者为核心，这是现代金融法治和正义的体现。公平价值主要是通过对某一金融主体施加单方面的义务来实现的。[①] 因此，将安全保障义务引入储蓄存款合同纠纷，既有传统理论的支撑，也是顺应技术发展的需要，更是符合国际立法潮流的。

（三）银行安全保障义务与合同义务的交错与厘清

实际上，安全保障义务作为经营者必须承担的义务，已经成为学界的共识。虽然有关安全保障义务的性质存在争论，[②] 但这并不影响安全保障义务在我国立法上的确立和在司法上的运用。比如，《中华人民共和国消费者权益保护法》（2013 年）第十八条，《中华人民共和国商业银行法》（2015 年）第六条、第二十九条等。权利和义务都应具有边界，银行的安全保障义务也应该具有合理的边界和限度。在界定银行安全保障义务的边界时应考虑如下因素：（1）现实需要；（2）技术上可能；（3）技术革新的成本；（4）银行从业者的主观心态；（5）银行业的收益；（6）储户的保管义务和能力。故，笔者认为，现阶段银行的安全保障义务应主要包括：（1）危险提示义务，银行应当采取措施对各种可能出现的不安全因素以及可能造成的伤害向储户作出明显的警示；（2）安全防范义务，银行应采用适当的设备和技术等措施防范潜在的危险；（3）安全措施的说明义务，银行对于采取的安全措施在必要时

---

① 杨东：《金融服务统合法论》，法律出版社 2013 年版，第 36~38 页。

② 关于安全保障义务的性质主要有以下三种意见：一是约定义务或法定义务，二是基础义务或附随义务，三是单一义务或双重义务。麻锦亮、张丹：《论安全保障义务的性质》，载《云南大学学报（法学版）》2005 年第 5 期。

应当向储户进行说明；（4）危害救助义务，当不安全因素给储户造成损害时，银行应进行积极的救助，避免损失发生或进一步扩大。[①]

实际上，银行安全保障义务的范围并不限于合同约定义务，但在银行卡盗刷案件中，在保护储户资金安全的范围内，银行作为经营者的安全保障义务与作为合同一方确保资金安全的义务应是竞合的。也就是说，不论银行与储户是否有约定，安全保障义务均为合同义务的有机组成部分，即使没有安全保障义务的明确约定，安全保障义务也应视为储蓄存款合同中的默示条款。具体来讲，如果银行与受害人之间未建立储蓄存款合同关系，银行一旦违反了安全保障义务，受害人不得以违约提起诉讼，只能按侵权之诉追究赔偿责任；如果银行与储户之间存在合同关系，即使合同中没有安全保障义务的明确约定，安全保障义务也应视为合同的默示条款。因此，一旦银行违反安全保障义务导致储户人身伤害或财产损失，则构成侵权和违约的竞合，储户可以银行违反法定义务侵犯公民财产权为由提起侵权诉讼，也可以银行违反合同约定或默示条款为由提起违约之诉。

二、正本清源：举证责任分配的实证分析比较

在银行卡被盗刷的案件中，实际存在多种民事法律关系，包括发卡行与储户间的储蓄存款合同关系、跨行交易中发卡行与收单行之间的代理关系、储户与商户间的侵权关系、商户与发卡行间的委托关系、犯罪分子与储户之间的侵权关系等。一旦银行卡被盗刷，储户可以银行或者犯罪分子为对象选择行使诉权，如果储户提起侵权之诉，就应该按照侵权责任的归责原则进行举证责任的分配，如果储户提起违约之诉，就应该按照违约之诉的归责原则进行举证责任分配。至于银行间或者商户与银行间的责任承担，可通过双方之间的协议另行解决。

---

① 王莎：《"银行卡盗刷"纠纷案的法律问题分析》，湖南大学 2011 年硕士学位论文。

（一）过错责任视角

银行要对自身是否尽到安全保障义务承担举证责任。举证责任的分配，通常要考虑两个因素：一是与证据间的距离，二是举证能力的大小。现实中，银行掌握并控制着储户登记资料、资金存储、数据交换、加密算法、交易设备、交易监控等一切信息及技术，银行与证据的距离比储户更近。相对于普通储户来讲，银行在储蓄合同及交易过程中都占有积极主导的地位，就银行卡或者交易系统安全性方面的举证能力来讲，与储户相比银行处于绝对优势地位。另外，对于此类纠纷，还应考虑银行对银行卡频繁盗刷在技术上怠于革新，存在主观过错的因素。[①] 因此，银行要对银行卡具有可识别性和唯一性、电子系统无漏洞等安全保障问题承担举证责任。

储户存在过错的举证责任也应由银行来承担。对于这个问题，实践中做法不一，有的法院把举证责任分配给储户，即储户不能证明自己尽到了妥善保管银行卡和密码的义务，就推定储户存在过错。笔者认为，不论从举证能力，还是法律的基本精神来讲，储户过错应由银行承担。第一，在民事侵权领域，根据"谁主张、谁举证"的一般规则，银行只有证明储户有过错或存在法定免责事由，才能减轻或免除其责任。第二，实践操作难，违背公平原则。如果要求储户自证清白，储户对于无过错这一消极事实很难举证。同时，如果储户不能证明自己无过错，就要承担相应的责任，这对储户来讲确实不公平。而且推定储户存在过错，也违背了法官的中立性。第三，从国际主要国家的立法情况看，由银行承担银行卡使用是否经授权的举证责任已成为潮流。

（二）严格责任视角

按照严格责任的理论，储户无须证明银行存在主观过错，仅要对银行违

---

① 《中国人民银行关于推进金融IC卡应用工作的意见》明确规定了2015年1月1日起经济发达地区和重点合作行业领域，商业银行发行的，以人民币为结算账户的银行卡均应为芯片卡。但事实上，部分商业银行并没有及时为相关储户更换安全性更高的芯片卡（IC卡）。

约行为的存在、损害事实进行举证。具体来讲，储户应对与银行存在合法的储蓄合同关系，银行卡被盗刷造成的损失及损失是由第三方盗刷造成等事实进行举证。因此，储户在收到短信或通过其他方式得知银行卡被盗刷时，应及时收存好证据，证明银行卡在自己身上并证明自己不在银行卡被盗刷地，没有"作案时间"，或可到就近的营业点查询银行卡的余额并索取凭条等。这些材料均可成为银行卡被盗刷及盗刷造成损失大小的有力证据。①

在违约之诉中，储户只要提供了证据证明银行卡被人盗刷并给自己造成了损失，就应视为储户完成了初步的举证责任。银行则应对反驳储户诉讼请求所依据的事实负有举证责任，对自身存在免责情形及储户没有尽到妥善保管银行卡和密码的义务，存在违约行为进行举证。如果举证不能，银行应承担全部损失的赔偿责任。如果银行与储户间对银行是否尽到安全保障义务发生争议，仍应由银行承担举证责任。

（三）举证责任分配的竞合

在银行卡被盗刷案件中，如果储户提起侵权之诉，根据举证的难易程度、证据远近等原因，由银行承担尽到安全保障义务的举证责任。如果储户提起违约之诉，由于银行负有安全保障的合同义务，如双方对安全保障义务的履行情况发生争议时，则仍由银行对此承担举证责任。因此，在安全保障义务举证责任的分配上，侵权之诉和违约之诉在举证责任分配上实际上是重合的。也就是说，不论储户提起违约之诉还是侵权之诉，在储户与银行的争议中，银行应负有两个重要的举证义务：一是自身尽到安全保障义务的举证责任，二是储户有过错的举证责任。在无法查明密码泄露原因或储户有过错的情况下，不能推定储户就有过错。此外，银行主张储户怠于履行挂失义务导致损失扩大，要求储户承担相应责任的，银行亦需就此承担举证责任。

---

① 王国才：《银行卡被盗刷后的民事责任承担》，载《人民法院报》2012 年 11 月 29 日。

三、困境破解：银行卡被盗刷案件商事处理规则的构建

立足本国国情，笔者认为，此类纠纷商事处理规则之构建可分为两部分：一是"先刑后民"问题，二是实体处理的责任分担问题。

（一）"先刑后民"原则的程序适用问题

在实践中，银行往往以刑事案件未侦查完毕，犯罪分子尚未归案，被盗刷原因不明，应"先刑后民"为由，申请法院中止审理案件或者请求驳回储户的起诉。笔者认为，此类纠纷不应机械适用"先刑后民"原则。理由如下：第一，《中华人民共和国民法典》第五百九十三条规定："当事人一方因第三人的原因造成违约的，应当依法向对方承担违约责任。当事人一方和第三人之间的纠纷，依照法律规定或者按照约定处理。"第二，最高人民法院相关批复明确此类案件法院应当受理，不适用"先刑后民"原则。① 第三，"先刑后民"或"为刑止民"的处理，本质上都是预设储户可能对银行卡被盗刷具有过错。这种预设与法院的中立性不符，甚而对储户实施了"有罪推定"。而只有储户与盗刷者串通，"刑民冲突"才会出现。但学理上，民商事法律关系的主体应作为理性人进行考量。储户与盗刷者串通，承担败诉乃至刑事追究的风险，明显和一般的理性认知不符。储户更多具有密码泄露的过失，裁判中会涉及密码泄露的举证责任及损失比例负担的问题，并不会引发"刑民冲突"。实务上，一方面，盗刷要达到一定数额、符合一定条件，才会进行刑事侦查。另一方面，即使因涉嫌犯罪而进行刑事侦查，储户是否恶意串通，极可能无法核实。即使经过刑事侦查，储户确实恶意串通的，仍可以对此进行虚假民事诉讼的制裁或刑事追究。

综上，笔者认为：若银行有证据证明储户可能主动泄露密码、有犯罪嫌疑的，应裁定驳回起诉，将全案材料移送公安机关或检察机关。银行只是提

---

① 详见《最高人民法院关于银行储蓄卡密码被泄露导致存款被他人骗取引起的储蓄合同纠纷应否作为民事案件受理问题的批复》（法释〔2005〕7号）。

出抗辩，未提供证据的，依法继续审理。盗刷情形被公安机关立案侦查，法院认为有必要的，可以前往公安机关调取与本案有关的材料。若银行以立案侦查为由，要求中止审理，等待刑事调查结果的，法院原则上不予准许，坚持刑民分离原则，杜绝随意的"因刑止民"，除非公安机关或检察机关函告法院认为案件确有必要中止审理的。同时，公安机关或检察机关针对特定案件函告法院，认为案件有犯罪嫌疑的，法院经审查认为，确实有犯罪嫌疑的情况，应当裁定驳回原告起诉，将案件移送公安机关；如认为确属商事纠纷的，依法继续审理，并函告公安机关或检察机关。总之，在被盗刷原因不明的情况下，银行应先行承担违约责任，待刑事侦查后，可对犯罪分子进行追偿，这类似于保险合同中的代位追偿权。

（二）实体处理规则设定问题

实体规则的设定，首先要明确银行与储户担责的情形。认定银行卡是否被盗刷，需综合考量以下六个因素：（1）真实的银行卡是否仍在储户手中；（2）储户是否可能在交易发生的时间出现在交易的地点；（3）银行监控录像是否足以显示交易者的身份，是否足以显示交易银行卡与真实银行卡的区别；（4）是否存在伪造银行卡、盗取银行卡信息的监控记录等；（5）储户挂失或报案时间与交易时间的时间间隔；（6）涉案时间段储户银行卡的使用记录等。

具体而言，银行在以下情形需承担赔偿责任：首先，银行卡如果有证据证明被克隆盗刷，就可以认定银行卡不具有唯一性和可识别性，在储户没有故意或重大过失的情况下，就可以认定银行没有尽到安全保障责任。（1）银行疏于维护设施，如，被犯罪分子在 ATM 机上安装了针孔摄像机等偷拍设施，造成储户密码被盗窃的；（2）银行存在管理漏洞，如，柜台人员没有尽到相应审核义务等；（3）银行电子系统被证明存在重大漏洞；（4）银行对电子系统没有进行必要的提示和说明。总之，如果有事实证明银行在管理、系统本身等方面存在漏洞，银行就要承担相应的责任。而储户则在以下情形需承担责任：

（1）储户在使用银行卡或者电子银行系统时，没尽到保密义务，导致丢失或者密码泄露；（2）将银行卡交给他人使用过程中，泄露了个人信息和密码；（3）储户银行卡丢失后不及时挂失；（4）储户设置的密码较为简单，导致密码容易被破解；（5）在银行卡背面写密码。[①] 总之，有证据证明储户没有尽到相应的妥善保管义务，储户就应承担相应的过错责任。

实体规则构建的核心则是解决储户与银行对盗刷损失的分担问题，这需要解决银行与储户间的责任划分与平衡问题。具体可分为三种情形：一是完全由于储户故意或重大过失的情形。比如，储户保管不慎丢失银行卡并泄露密码或者密码被破解，犯罪分子在 ATM 机上将款项取走。笔者认为，类似这种情况，银行可以免责。二是有证据证明双方都有责任的情形。笔者认为，银行的安全保障义务与储户妥善保管银行卡和密码的义务相比，银行的义务是主要的，储户的义务是次要的。如果把银行卡片和电子系统比作保险柜，密码则可以比作保险柜里的小保险箱。如果"保险柜"是安全的，"保险箱"即使有瑕疵也是次要的。因此，即使有证据证明储户存在过错的情形，如银行卡被复制后盗刷，银行也应承担主要赔偿责任。三是银行不能举证证明储户存在过错行为的情形。笔者认为，银行应先行赔付储户的损失，不能让储户自证清白。如果最终得知银行卡被盗刷是完全由于储户与他人恶意串通或保管不善等原因造成的，银行可以要求储户返还相应资金或者直接向侵权人追偿。

上述责任划分往往依据主观判断，缺乏客观的数据支撑。笔者认为，还可引入数学函数的概念，建立一个数据模型，对过错的大小和损失的划分进行量化分析。设定银行卡的盗刷损失为 1、银行分担的损失为 X、储户分担的损失为 Y，数学公式可设定为：$X+Y=1$，$0 \leqslant X \leqslant 1$，$0 \leqslant Y \leqslant 1$；而 X、Y 数值的确定依赖于双方每种过错情形的大小，数学公式可设定为：$X = \sum (x1, x2,$

[①] 王国才：《银行卡被盗刷后的民事责任承担》，载《人民法院报》2012 年 11 月 29 日。

x3，…xn），Y＝∑（y1，y2，y3，…yn），xn 与 yn 既代表每种过错情形也代表每种过错情形所占分担损失的比例。具体而言：银行的安全保障义务是"保险柜"，而储户的保管义务是"保险柜"中的"保险箱"。储户的过错不必然导致银行卡被盗刷，银行是否尽到安全保障义务、大保险箱是否安全是关键。可将双方的每种过错情形设定一定的分值，总分为 100 分，储户占 40 分、银行占 60 分。储户的过错主要有三种：没有妥善保管银行卡、泄露密码、没有及时挂失，可将三者的分值按被盗刷可能性的大小设定为 15 分、20 分、5 分；对于银行来讲，其安全保障义务就是大保险柜，每种没尽到安全保障义务的情形对储户的损失都会是 100%，故，银行没有尽到安全保障义务的得分恒定为 60 分。如果储户没有妥善保管银行卡、密码，那储户的总得分为 35 分，如果银行也没有尽到安全保障义务，银行的得分为 60 分，双方总得分为 95 分，储户的分担比例为 35÷95＝0.368，按照这种思路，可计算出各种情形下，双方各自承担损失的大致比例。

（三）具体规则的构建

如前所述，笔者认为，此类纠纷处理规则可简要设定如下：

（1）对于银行卡被盗刷案件，储户具有向侵权人主张侵权责任或向银行要求承担违约责任或侵权责任的选择权；储户直接向银行主张违约责任的，一般不适用"先刑后民"原则，民事案件无须中止审理，公安机关或检察机关函告法院认为案件确有必要中止审理的除外。

（2）银行有义务保证储户资金安全，没有尽到安全保障义务的应承担赔偿责任；银行对自身尽到安全保障义务和储户没有妥善保管银行卡、密码等过错行为承担举证责任，如不能证明已尽到安全保障义务及储户存在过错的，银行应承担全部赔偿责任；储户须对与银行存在合法的储蓄存款合同关系，盗刷造成的实际损失以及因果关系等事实进行举证。

（3）储户负有妥善保管银行卡及密码的义务，由于故意泄露密码、不设密码等原因造成银行卡在挂失前被盗刷的，如果银行尽到安全保障义务的不承担赔偿责任；银行没有尽到相应审核义务的，仍应承担不少于60%的赔偿责任；在挂失后被盗刷的，银行承担赔偿责任。

（4）有证据证明是由于犯罪分子在ATM、POS机安装银行卡复制器、微型摄像机导致银行卡复制后被盗刷的，银行承担全部赔偿责任；除前述原因外，有证据证明储户使用银行卡不规范导致银行卡被复制、密码被泄露的，储户应当承担不超过资金损失40%的责任。

（5）未设密码的银行卡由于储户使用不善而被复制后发生盗刷的，发卡银行如在办卡过程中履行了风险的提示告知义务并尽到了相应审核义务的，储户需承担不超过资金损失50%的责任。

（6）对于手机银行、电子银行等交易系统，发卡银行如在办卡过程中履行了使用说明义务和风险的提示义务，储户对密码和账户保管不善造成银行卡被盗刷的，若储户不能证明系统存在漏洞，银行不承担赔偿责任。

（7）涉及发卡行与收单行、商户之间的法律关系的争议，双方可另行解决。

就本案来讲，某银行大望路支行在合同履行过程中存在未尽到安全保障义务的违约行为，也没有充分证据证明邓某对其持有的借记卡没有妥善保管或合理使用，银行应对盗刷损失承担全部责任。总之，法院在处理这类案件时，应根据当事人的过错程度进行相应的判决。对于储户未能尽到对自己的银行卡密码等重要信息的保密义务，致使他人控制其账户并将其存款转走或者进行信用卡刷卡消费，该损失应该由储户自己承担。对于银行未能尽到充分的安全保障义务或者管理上存在漏洞，给储户造成不必要损失，要承担相应的赔偿责任。

十五、入境检验检疫证明不能充分证明进口食品符合食品安全标准

【关键词】 进口食品　标签　十倍

【裁判规则】

> 进口食品经营者已查验进口商取得的由出入境检验检疫部门出具的检验检疫证明，但所销售食品仍不符合食品安全标准，其未提交证据证明已履行法定的进货查验、如实记录的义务的，应被认定为销售明知是不符合食品安全标准的食品，并向消费者承担赔偿损失并支付价款十倍赔偿金的责任。

【基本事实】

某品牌早餐麦片由某食品公司进口并经销，该食品外包装的中文标签在配料表中标示了"调味料"成分。2014年8月31日，周某在北京某超市购买该食品8袋，单价99元，共计792元。后周某以该食品外包装的中文标签在配料部分标示"调味料"成分不符合食品安全标准为由，向北京市丰台区食品药品监督管理局（以下简称东城食药局）举报。东城食药局在2015年4月24日作出的行政处罚中认定该食品外包装标签上的配料表中标示了"调味料"成分，未标示具体名称，不符合《食品安全国家标准 预包装食品标签通则》（2011年）第4.1.3.1条的强制性规定，对某超市安贞桥店处以没收违法所得、罚款。2015年5月8日，周某向北京市东城区人民法院起诉，请求某超市返还货款792元，并支付价款十倍赔偿金7920元。某超市答辩称，某食品公司在进口该食品时已取得北京市朝阳区出入境检验检疫局关于标签的行政许可，其对该行政许可享有信赖利益，应受保护，其也不具备《中华人民共和国食品安全法》

（2009 年）第九十六条第二款①规定的"明知"的主观要件，因此不同意周某的诉讼请求。

【观点分歧】

观点一：食品经营者对进口商取得的行政许可享有信赖利益，在其已审查进口商取得的食品检验检疫机构出具的卫生证书的情况下，即使其所销售食品不符合食品安全标准，亦不能推定其在销售时的主观状态为"明知"，不能判令其承担对消费者赔偿十倍货款的责任。

观点二：进口商在进口食品时取得的行政许可仅表明行政机关按照技术标准、技术规范依法进行检验、检测、检疫后，根据检验、检测、检疫结果核准其进口食品。食品经营者从进口商处购进食品时，仍应依照法律规定对该食品是否符合食品安全标准进行审查，如不能证明其依法履行了审查义务，即应承担十倍赔偿货款的责任。

【裁判理由】

北京市东城区人民法院一审判决认为：

根据《中华人民共和国食品安全法》（2009 年）第四十二条②之规定，预包装食品的包装上应当有标签。标签应当标明下列事项：……（九）法律、法规或者食品安全标准规定必须标明的其他事项。而根据食品安全国家标准 GB7718-2011《预包装食品标签通则》第 4.1.3.1 条的规定，某超市安贞桥店的行为明显不符合该标准的要求，因此涉案食品不符合食品安全法的强制性规定，周某有权要求其返还货款，法院对周某该项诉讼请求予以支持。此外，《中华人民共和国食品安全法》（2009 年）第九十六条规定："违反本法规定，造成人身、财产或者其他损害的，依法承担赔偿责任。生产不符合食品安全标准的食品或者销售明知是不符合食品安全标准的食品，消费者除

---

① 对应现行《中华人民共和国食品安全法》（2018 年）第六十七条。

② 《中华人民共和国食品安全法》现已修改，下同。

要求赔偿损失外，还可以向生产者或者销售者要求支付价款十倍的赔偿金。"本案中，某超市未尽严格审查义务，导致违法行为的发生，对此其应当根据法律规定承担赔偿责任，故法院对周某要求超市进行十倍货款赔偿的诉讼请求予以支持。判决某超市向周某返还货款 792 元并赔偿十倍货款 7920 元。

某超市不服一审法院民事判决，向北京市第二中级人民法院提起上诉。

北京市第二中级人民法院二审裁判认为：

进口的食品应当符合我国食品安全国家标准，进口的预包装食品应当有中文标签、中文说明书，标签、说明书应当符合《中华人民共和国食品安全法》以及其他有关法律、行政法规的规定和食品安全国家标准的要求。根据法律规定，预包装食品的包装上应当有标签，标签应当标明成分或者配料表，但该食品外包装的中文标签在配料表中标示了"调味料"成分，未标示具体名称，违反了食品安全国家标准的要求，应属不符合食品安全标准的食品。某食品公司在进口该食品时虽已取得检验检疫机构的行政许可，但某食品公司、某超市安贞桥店并不享有信赖利益，且其依《中华人民共和国食品安全法》规定所负有的建立并执行食品进货查验记录制度的义务并不因上述行政许可而免除。某超市安贞桥店销售不符合食品安全标准的食品，应当承担相应的赔偿责任。

【法官评析】

前些年，食品安全领域的诉讼案件呈上升态势，其中"职业打假人"提起诉讼占比较大，"维权主体职业化"的趋势十分明显。食品安全纠纷在预包装食品、保健食品领域多发。从争议焦点看，一半以上与食品外包装标签标示事项有关。争议的法律问题多为经营者是否全面履行查验和记录义务、经营者销售时是否"明知"不符合食品安全标准、消费者"知假买假"是否仍有权主张赔偿等。

本案的争议焦点是关于食品经营者是否对取得的行政许可享有信赖利益，

是否构成"明知"问题。笔者认为，在民事法律体系中，"明知"的法律含义包括"知道"和"应当知道"。所谓"知道"即指"知晓""清楚"；而"应当知道"则是指"本应该知晓""本应当清楚"。具体来讲可以概括为应履行相应的义务而未履行，即可认定为明知。对经营者而言构成"明知"的义务范围就显得十分重要，在实践中可以认为包括两种：一种是进货时的进货查验义务，另一种是销售时的跟踪检查义务。① 司法实践中绝大多数经营者未履行进货查验义务引发争端。

上述问题在实践中存在两种观点：一种观点认为，经营者对于行政机关签发卫生证书等合法手续的行政许可行为具有依赖利益，即使进口食品不符合食品安全标准，亦不能推定经营者在销售时的主观状态为明知，故不应承担赔偿责任。另一种观点认为，出入境检验检疫机构出具的卫生证书等合法手续仅表明行政机关依据检验、检测、检疫结果核准该食品进口，而经营者仍负有全面审查食品是否符合食品安全标准的义务，若进口食品不符合食品安全标准，经营者仍应当承担相应赔偿责任。笔者赞同第二种观点，食品经营者销售进口食品时须负担的法定义务不应因检验检疫部门签发的卫生证书等合法手续而免除。

一、从行政许可的内涵看，进出口检验检疫机构仅实施了许可食品进口商进口食品的行为

按照行政机关的职权分配，检验检疫机构负责对进口食品是否符合特定的技术标准、技术规范等进行审定，从而决定是否许可该食品进口，其行政职权并不包括对食品流通环节的监督管理。况且，进口检疫采用的是抽

---

① 《最高人民法院关于审理食品安全民事纠纷案件适用法律若干问题的解释（一）》第六条规定："食品经营者具有下列情形之一，消费者主张构成食品安全法第一百四十八条规定的'明知'的，人民法院应予支持：（一）已过食品标明的保质期但仍然销售的；（二）未能提供所售食品的合法进货来源的；（三）以明显不合理的低价进货且无合理原因的；（四）未依法履行进货查验义务的；（五）虚假标注、更改食品生产日期、批号的；（六）转移、隐匿、非法销毁食品进销货记录或者故意提供虚假信息的；（七）其他能够认定为明知的情形。"

检形式，抽检合格并不能保证同批次的全部食品合格。通过检验检疫机构的行政许可并不能当然认为该进口食品符合食品安全相关标准，因此经营者不因此免除其审查义务，其所经营的进口食品是否符合食品安全标准仍应当依照《中华人民共和国食品安全法》相关规定进行判断。

二、从行政许可的相对人看，仅限于食品进口商对进出口检验检疫机构实施的行政许可有信赖利益

信赖利益保护原则是指公民、法人或者其他组织依法取得的行政许可受法律保护，行政机关不得任意变更、撤销已生效的行政许可，除非行政许可所依据的法律、法规、规章修改或者废止，或者准予行政许可所依据的客观情况发生重大变化，且因公共利益的需要，因变更、撤销已生效行政许可给公民、法人或者其他组织造成损失的，还应依法给予补偿。① 但对行政许可享有信赖利益的主体应仅限于行政相对人，第三人仅在该行政许可损害其合法权益的情况下，才得以请求撤销行政许可行为。

三、从食品经营者法定义务看，其销售食品时须负担的法定义务不因进出口检验检疫机构的行政许可而免除

《中华人民共和国食品安全法》（2021 年）第九十二条规定："进口的食品、食品添加剂、食品相关产品应当符合我国食品安全国家标准。进口的食品、食品添加剂应当经出入境检验检疫机构依照进出口商品检验相关法律、行政法规的规定检验合格。进口的食品、食品添加剂应当按照国家出入境检验检疫部门的要求随附合格证明材料。"根据该规定，进口食品符合我国食品安全标准与进口食品是否经出入境检验检疫机构按照法律规定检验检疫并非一回事。进口食品既要符合我国食品安全标准，也应当按照进口商品检验相关法律、行政法规的规定进行检验检疫。不能用入境检验检疫机构按照规定

---

① 姜明安主编：《行政法与行政诉讼法》，北京大学出版社、高等教育出版社 2011 年版，第 238 页。

进行了检验检疫取代食品安全标准，将其作为判断进口食品是否安全的依据。根据《中华人民共和国食品安全法》的相关规定，食品经营者在采购食品时应查验供货者的许可证和食品合格的证明文件，并建立食品进货查验记录制度，如实记录食品的名称、规格、数量、生产批号、保质期、供货者名称及联系方式、进货日期等内容。该义务是经营者在国内销售食品的法定义务，不论是国内生产的食品还是进口的食品。

本案中，即使检验检疫机构已许可某食品公司进口该食品，但该食品外包装的中文标签在配料表中标示了"调味料"成分，未标示具体名称，仍然违反了食品安全国家标准的要求。某超市安贞桥店虽审查了某食品公司取得的食品检验检疫机构出具的卫生证书，但在客观上仍销售了不符合食品安全标准的食品，应视为其未完全履行法定义务，法院认定其销售明知是不符合食品安全标准的食品，于法有据。

十六、与食品安全、营养无关且不会造成消费者误导的标签瑕疵的认定

【关键词】 食品安全标准　标签瑕疵　误导

【裁判规则】

> 食品标签、标识、说明书标注违反了食品安全标准，但该违法情形与食品安全、营养无关且不会造成消费者对食品安全有关的误导时，该食品经营者不承担惩罚性赔偿责任。

【基本事实】

王某于 2017 年 11 月 14 日到某超市购买了某品牌岩盐 8 罐，合计金额 302.4 元。上述两款商品的包装中均未标有生产日期。王某认为该商品无生产日期。对方未尽到合理的审查义务，继续销售该商品的行为应当推定为明知，违反了《中华人民共和国食品安全法》第一百四十八条及《最高人民法院关于审理食品药品纠纷案件适用法律若干问题的规定》，起诉要求判决某超市十倍赔偿。某超市辩称，根据食品安全国家标准预包装食品分则规定第 4.3.1 条规定，盐类产品可以免除标示保质期。涉案产品是食用盐，产品标注的最佳使用时间，是在提示在此时间食用最佳，并不是保质期。没有标注生产日期是标签瑕疵，但食用盐不用标注保质期，没有过期的说法，生产日期没有标注意义不大，只属于标签瑕疵，不影响食品安全。请求法院驳回王某的诉讼请求。

【观点分歧】

观点一：食品标签、标识、说明书的标注违反了食品安全标准，法院不应作出违反食品安全标准但不会影响食品安全的认定。标签标注问题属

于通过外观查验就可认定的违法情形，经营者构成明知，应承担惩罚性赔偿责任。

观点二：食品标签、标识、说明书违法标注在特殊情形下虽然违反了食品安全标准，但该违法情形与食品安全、营养无关且不会造成消费者对食品安全有关的误导时，该食品经营者不承担惩罚性赔偿责任。

【裁判理由】

北京市丰台区人民法院一审判决认为：

根据双方陈述以及本案查明事实，某超市出售商品未标注生产日期，属于不合格商品，故王某要求返还货款，以及主张赔偿的诉讼请求，有相关事实及法律依据，法院对此予以支持。对于某超市的答辩意见，鉴于其未提交充足证据予以佐证，法院对此难予采纳。判决某超市赔偿王某3024元。

某超市不服一审判决，向北京市第二中级人民法院提起上诉。

北京市第二中级人民法院二审判决认为：

依据《中华人民共和国食品安全法》第一百四十八条第二款规定："生产不符合食品安全标准的食品或者经营明知是不符合食品安全标准的食品，消费者除要求赔偿损失外，还可以向生产者或者经营者要求支付价款十倍或者损失三倍的赔偿金；增加赔偿的金额不足一千元的，为一千元。但是，食品的标签、说明书存在不影响食品安全且不会对消费者造成误导的瑕疵的除外。"涉案商品虽然没有标注生产日期，但在底部已经标注了最佳食用日期，消费者在最佳食用日期内可以安全食用涉案商品。本案中王某购买的涉案商品均在最佳食用日期内，故王某主张涉案商品未标注生产日期影响食品安全的证据不足，不予认可。同时，根据《食品安全国家标准 预包装食品标签通则》（2011年）第4.3.1条的规定，食用盐可以免除标示保质期，故涉案商品没有标注生产日期，也不会对消费者造成食品安全方面的误导。故，涉案商品未标注生产日期，但标注了最佳食用期不影响食品安全且不会对消费者造成误导，王某主张依据《中华人民共和国食品安全法》第一百四十八条第二款要求某超市支付十倍赔偿的理由不成立，二审改判驳回王某的该项诉讼请求。

【法官评析】

《中华人民共和国食品安全法》第一百四十八条第二款规定："生产不符合食品安全标准的食品或者经营明知是不符合食品安全标准的食品，经营者应当承担惩罚性赔偿责任。但是，食品的标签、说明书存在不影响食品安全且不会对消费者造成误导的瑕疵的除外。"对于上述标签瑕疵但书条款的法律适用，实践对于何种标签可以认定为"标签瑕疵"，对于"是否影响食品安全、是否对消费者造成误导"这一事实认定问题，不同法院存在极不同的认定，在某种程度上存在"同案不同判"问题。

一、"不影响食品安全且不会误导消费者"的标签瑕疵界定

《中华人民共和国食品安全法》第一百五十条第二款规定："食品安全，指食品无毒、无害，符合应当有的营养要求，对人体健康不造成任何急性、亚急性或者慢性危害。"一般来讲，违反食品安全标准的食品实际上就是危害食品安全的食品，我们不能用法律判断去否定国家强制标准的界定。除非但书规定的标签瑕疵除外。瑕疵在本义上指玉的斑痕，后引申为微小的缺点。实践中应区分瑕疵的种类，一种是因规格、净含量、产品标准代号、生产许可证编号、生产地址、联系方式、中英文大小写等标签存在的瑕疵，明显不足以影响食品安全且不会对消费者造成误导的瑕疵；另一种是影响食品安全且造成误导的标签瑕疵，比如对于食品的标签、说明书中的生产日期、保质期、特殊储存条件、特定人群食用限制、食用量限制等标注缺失或不实标注的，一般应认定构成《中华人民共和国食品安全法》第一百四十八条第二款中的"影响食品安全"，但生产者或销售者举证证明该缺失或不实标注不会导致一般消费者无法安全储存、安全食用该食品的除外。①

此外，司法实践中的误导包括功能性误导、选择性误导、价格性误导、概念性误导等。笔者认为，对于食品的标签、说明书内容标注缺失或不实标注是否对消费者造成误导，一般应从该缺失或不实标注是否造成一般消费者对该食品安全标准的判断高于其实际安全标准的角度进行认定。比如，在标签、说明书中不标注或者少标注食品中的食品添加剂的，未标注转基因食品的，一般应认定构成《中华人民共和国食品安全法》第一百四十八条第二款规定的"对消费者造成误导"。如果标签存在瑕疵不影响食品安全，未给消费者造成食品安全方面的误导，但会给消费者造成其他与食品安全无关的误导的，如食品的等级、原产地等。对于上述不影响食品安全却会在食品安全之外的方面误导消费者的情况，不应适用十倍赔偿标准。

二、不影响食品安全且不会造成误导的标签瑕疵的司法审查

笔者认为，可以分为"三步走"。第一步进行形式审查，审查标签是否符合食品安全标准，对于违反食品安全标准中的强制性要求的，即属于不符合食品安全标准。第二步是实质审查，审查上述瑕疵是否符合"不影响食品安全""不会对消费者造成误导"，从而判断是否适用但书条款。对于"不影响食品安全"的判断，笔者认为可以分为两个层次，第一个层次是对于标签内容本身就不涉及食品安全的直接认定为其瑕疵不影响食品安全，如食品名称、规格、净含量、生产者的名称、地址、联系方式等。第二个层次是对于标签内容本身属于卫生、营养等食品安全的，可以具体结合标签瑕疵的程度进行实质判断，标准上可以参照《最高人民法院关于审理食品药品纠纷案件

---

① 《最高人民法院关于审理食品安全民事纠纷案件适用法律若干问题的解释（一）》第十一条规定："生产经营未标明生产者名称、地址、成分或者配料表，或者未清晰标明生产日期、保质期的预包装食品，消费者主张生产者或者经营者依据食品安全法第一百四十八条第二款规定承担惩罚性赔偿责任的，人民法院应予支持，但法律、行政法规、食品安全国家标准对标签标注事项另有规定的除外。"

适用法律若干问题的规定》第六条①关于认定食品是否合格的标准，必要时可以咨询食品主管部门或质量管理部门的意见。对于"不会对消费者造成误导"的判断，应将食品安全法中规定的误导界定为食品安全方面的误导。第三步审查是否存在特殊例外情形。一般情况下生产日期、保质期等都属于跟食品有关的标注，但要注意一些食品的特殊规定。比如食盐、高度酒等对保质期都有例外规定。

三、关于不影响食品安全且不会造成误导的标签瑕疵举证责任

实践中存在两种争论：一是消费者主张标签瑕疵的惩罚性赔偿的，应当对名称、成分或者配料表、生产者的名称、保质期、储存条件、所使用的食品添加剂在国家标准中的通用名称等全部或部分存在瑕疵承担举证责任，直至法官内心确信标签瑕疵将影响食品安全且会对消费者造成误导。二是只要消费者证明涉案商品违反了食品安全标准，就推定其存在食品安全。按照证据规则由经营者举证证明该标签瑕疵不影响食品安全且不会造成误导，直至法官内心确信该标签瑕疵不影响食品安全且不会对消费者造成误导。笔者赞同第二种观点，最重要的理由就是基于食品安全的专业性，不论从举证能力还是举证责任分配角度来看，让经营者承担标签瑕疵不影响食品安全且不会对消费者造成误导的举证责任都是符合法律规定的。

本案中，涉案食盐未标注生产日期，理应不属于标签瑕疵，应属于影响食品安全且会造成食品安全方面的误导，但根据《食品安全国家标准 预包装食品标签通则》（2011 年）第 4.3.1 条的规定，食用盐可以免除标示保质期，故涉案商品没有标注生产日期，也不会对消费者造成食品安全方面的误导。因此驳回王某惩罚性赔偿的请求。

---

① 《最高人民法院关于审理食品药品纠纷案件适用法律若干问题的规定》第六条规定，食品的生产者与销售者应当对于食品符合质量标准承担举证责任。认定食品是否安全，应当以国家标准为依据；对地方特色食品，没有国家标准的，应当以地方标准为依据。没有前述标准的，应当以食品安全法的相关规定为依据。

十七、执行过程中自愿达成的执行外和解协议具备单独的合同效力

【关键词】 执行和解　自行和解　违约

【裁判规则】

> 当事人在判决执行过程中没有通过法院而自愿达成的和解协议是对双方权利义务的自愿调整，属于在双方间确立一个新的法律关系，具有合同效力。但如果和解协议书没有履行法院认定程序就不产生执行和解的法律效力。

【基本事实】

1996 年 10 月 30 日，某银行与某公司签订借款合同，合同签订后，某银行依约放贷 300 万元。因某公司未按期还款，故某银行诉至北京市第二中级人民法院。该院判决某公司偿还借款本金 300 万元及利息。北京高院维持了该判决。1999 年 6 月 22 日，某银行就上述债权向该院申请执行。在该案执行过程中，因某公司无可供执行财产，该院中止了该案的执行。2003 年 10 月 22 日某公司与某银行签订《和解协议书》：某公司一次性支付乙方人民币 100 万元整，某银行放弃就剩余部分进行追索的权利；双方就此形成的债权债务全部结束；本和解协议自双方授权代表签字生效。和解协议由双方的授权代表签字。2003 年 10 月 28 日，某公司向某银行还款 100 万元。后该债权经多次转移，最终转让给某资产公司。2008 年，某资产公司因发现某公司的财产线索，申请恢复执行，并申请变更其为申请执行人。某公司于 2009 年 6 月 19 日提出执行异议，并提交了某银行出具的《授权委托书》《和解协议书》各 1 份。北京市第二中级人民法院经审查后作出民事裁定书，以某公司未提供其

已履行法定告知义务的相关证据，且建行某担保支行对该和解协议的真实性不予认可，某公司的异议主张缺乏事实及法律依据为由，裁定驳回某公司的异议申请。某公司向北京市高级人民法院申请复议。2009 年 12 月 21 日，某公司向北京市丰台区人民法院起诉某银行，要求确认《和解协议书》有效，并要求某银行赔偿损失 200 万元及利息 480 万元。2010 年 11 月 15 日，北京市丰台区人民法院经审理后作出民事裁定：驳回某公司的起诉。某公司不服该裁定，上诉于北京市第二中级人民法院。2011 年 3 月 18 日，该院经审理后以目前不符合立案条件为由作出民事裁定：驳回上诉，维持原裁定。2011 年 5 月 11 日，北京市高级人民法院作出执行裁定，认为该和解协议不属于执行程序上的和解协议，不能产生中止、终结执行程序的法律效力，维持了北京市第二中级人民法院的裁定。2011 年 5 月，某公司再次起诉至北京市丰台区人民法院，请求确认其与某银行于 2003 年 10 月 22 日签订的《和解协议书》有效。北京市丰台区人民法院判决确认了该协议有效。

【观点分歧】

观点一：《和解协议书》内容因违法而无效。根据《中华人民共和国商业银行法》《贷款通则》等相关规定，某公司提交的和解协议中涉及减免本金、利息等内容，没有证据证明业已得到国家相关主管部门的批准，因此严重违反法律规定，其效力不应得到认可；另外，某银行本身无减免贷款本息的权利，也无权授权他人签署具有减免贷款内容的协议。因此该和解协议不具备合法性，没有法律效力。

观点二：和解协议依法不具有可诉性。涉案《和解协议书》在长达六年的时间里未提交执行法院备案不符合执行和解协议的相关法律规定，无法产生执行和解的法律效力。某公司要求确认协议的效力，属于法院在执行过程中应当审查处理的事项，不属于法院立案审理范围，且某公司在执行案件过程中已向法院提出异议或复议申请，业经法院多次审理，对于涉案协议的性质及效力已作出生效法律文书确认，该公司不应就同一法律关系多次起诉，根据"一事不再理"原则，现应驳回其起诉或驳回其诉讼请求。

观点三：虽然依照《贷款通则》等相关规定，建行某担保支行在未获得相关主管部门批准的情况下，无权减免贷款本息，但上述规定应属于银行业规章性质，对外不具有法律效力。因此，某银行在涉案《和解协议书》中自行处分其业经法院判决确定的债权，并不违反相关法律、行政法规的规定。在该案执行过程中，基于被执行人无可供执行财产，北京市第二中级人民法院裁定终结本次执行程序，涉案《和解协议书》即形成于该次执行程序终结后。涉案《和解协议书》系双方当事人对于债权债务达成的新协议，法院应当受理确认有效。

【裁判理由】

北京市丰台区人民法院一审判决认为：

关于涉案《和解协议书》内容是否违法的问题。虽然依照《贷款通则》等相关规定，某银行在未获得相关主管部门批准的情况下，无权减免贷款本息，但上述规定应属于银行业规章性质，对外不具有法律效力。因此，某银行在涉案《和解协议书》中自行处分其业经法院判决确定的债权，并不违反相关法律、行政法规的规定。

关于涉案《和解协议书》是否属于法律规定的执行和解范畴。经庭审可查，1999 年 6 月 22 日某银行向北京市第二中级人民法院申请执行，在该案执行过程中，基于被执行人无可供执行财产，该院最终于 2003 年 5 月 26 日作出民事裁定：终结本次执行程序，涉案《和解协议书》即形成于该次执行程序终结后，而某银行向案外人转让涉案债权前，并非在执行过程中。据此，该院确认涉案《和解协议书》系双方当事人对于债权债务达成的新协议，不属于执行和解范畴。

综上，该院确认某银行与某公司于 2003 年 10 月 22 日签订的《和解协议书》合法有效。一审法院判决确认某公司与某银行于 2003 年 10 月 22 日签订的《和解协议书》有效。

某银行不服一审判决，向北京市第二中级人民法院提起上诉。

北京市第二中级人民法院二审判决认为：

关于此和解协议内容是否有效的问题。经一审鉴定确认涉案《和解协议书》、落款处"杜某某"签名为杜某某本人所签，鉴于杜某某有在执行程序中代表某银行与某公司达成和解协议的权利，杜某某的代理行为应为有效，该院对该《和解协议书》的真实性也予以认可。按照民事代理的基本原则，杜某某与某公司在执行程序中签署的和解协议的法律后果应由某银行承担。需要指出的是，执行程序中当事人达成的和解协议不等同于执行和解协议，不一定发生执行和解的法律效力，当事人可以在诉讼和执行的任何阶段达成和解协议，但只有在执行程序中将双方达成的和解协议交由法院认定才产生执行和解的法律效力。2009 年北京市高级人民法院相关执行裁定认为："双方当事人在执行中自行达成和解协议的，应当向执行法院提交和解协议副本，或者由执行员将和解协议内容记入笔录，由双方当事人签名或者盖章。某公司称其与某银行达成和解协议且已履行完毕，因其未向执行法院提交和解协议，该和解协议不属于执行程序上的和解协议，不能产生中止、终结执行程序的法律效力。"根据该民事裁定，北京市高级人民法院只是认为该《和解协议书》由于没有履行法院认定程序而不产生执行和解的法律效力，并没有对该《和解协议书》是否有效做出判断。某银行依据《中华人民共和国商业银行法》（2015 年）第五十七条、《贷款通则》第三十七条的规定，认为涉案协议无效。经法院审查，《中华人民共和国商业银行法》（2015 年）第五十七条是对商业银行提取呆账准备金、冲销呆账的规定，不适用于本案。《贷款通则》属于银行业规章性质，对外不具有法律效力。因此，某银行在涉案《和解协议书》中自行处分其业经法院判决确定的债权，并不违反相关法律、行政法规的规定。在涉案《和解协议书》真实且不违反法律强制性规定的前提下，该《和解协议书》合法有效。

本案是否违反"一事不再理"原则。根据一审查明的事实，2010 年 11 月 15 日，一审法院经审理后作出（2010）丰民初字第 1547 号民事裁定：驳回某公司的起诉。2011 年 3 月 18 日，北京市第二中级人民法院经审理后以目前不符合立案条件为由作出民事裁定：驳回上诉，维持原裁定。该院"驳回上诉，维持原裁定"的原因是"不符合立案条件"。不符合立案条件的原因是北京市高级人民法院还未对某公司执行复议申请做出审查。2011 年 5 月 11 日，北京市高级人民法院对某公司执行复议申请审查后作出执行裁定，该裁定并没有对涉案和解协议的合同效力做出认定，某公司重新起诉要求确认涉案《和解协议书》的效力符合法律的规定，并没有违反"一事不再理"原则。某公司与某银行在执行程序中达成的《和解协议书》是对双方权利义务的自愿调整，属于在双方间确立一个新的法律关系，根据法律的规定应具有可诉性。本案起诉依据的是双方签订的和解协议，作为执行依据的判决根据的是双方签订的金融借款合同，两个诉讼案件依据的不是同一法律关系。因此，也不违反"一事不再理"原则。

综上所述，某银行提出的上诉理由不能成立，二审法院判决：驳回上诉，维持原判。

【法官评析】

理论上讲，当事人发生纠纷，可以在诉讼前、诉讼中、执行中达成和解协议，通过和解的方式了结双方的纠纷。从一般意义上讲，诉讼法上的执行可以分为自动履行、强制执行。所谓自动履行就是在法律文书明确了相关的义务人和相应的义务后，义务人自动履行了法律文书确定的义务。强制执行就是法律文书确定的义务人没有自动履行义务，权利人可以申请人民法院按照法定程序、运用国家强制力量，根据法律文书的规定，强制义务人完成其所承担的义务。一件案件经审理做出终局裁判后，并不一定进入强制执行程序，如果在进入强制执行程序之前，义务人自动履行，法院可以依职权终结执行。除此之外，当事人也可以就案件执行标的、方式、履行时间等权利义务经过平等协商达成协议。

一、和解协议的执行和解效力

根据《民事诉讼法解释》（2022 年）第四百六十五条规定："一方当事人不履行或者不完全履行在执行中双方自愿达成的和解协议，对方当事人申请执行原生效法律文书的，人民法院应当恢复执行，但和解协议已履行的部分应当扣除。和解协议已经履行完毕的，人民法院不予恢复执行。"由于生效的法律文书具有国家强制力，权利人和义务人之间的和解行为是一种私法自治行为，如果希望产生对抗国家强制力的效果，必须履行必要的法律手续。根据法律的规定，当事人之间自愿达成的和解协议，并不必然产生执行和解的法律效力，产生执行和解法律效力的必经程序就是要将该份和解协议经人民法院的确认并记入笔录。本案的和解协议签订在判决生效后，权利人申请强制执行的过程中。法院认为：双方当事人在执行中自行达成和解协议的，应当向执行法院提交和解协议副本，或者由执行员将和解协议内容记入笔录，由双方当事人签名或者盖章。某公司称其与某银行达成和解协议且已履行完毕，因其未向执行法院提交和解协议，该和解协议不属于执行程序上的和解协议，不能产生中止、终结执行程序的法律效力。和解协议只有产生执行和解的法律效力时，才称为执行和解协议。

二、和解协议的合同效力

权利人和义务人达成的和解协议，如果履行相应法律手续的，则产生执行和解的法律效力。如果没有履行相应的法律手续，该和解协议也具备协议自身的合同效力。合同生效具备四个要件：（1）行为人在缔约时具备相应的行为能力。如果是代理行为，代理人要具备相应的代理权限。（2）意思表示要真实。不能有欺诈、胁迫、乘人之危的行为。（3）不违反法律和社会公共利益。（4）符合法律规定的形式要件。本案中的和解协议是某银行的代理人有代理权的情况下与某公司达成的合同，是双方真实意愿的表示，也符合合同生效的形式要件，唯一的争议点，就是该协议是否违反法律的强制性规定、损害公共利益而无效。某银行依据《中华人民共和国商业银行法》（2015年）第五十七条、《贷款通则》第三十七条的规定，认为涉案协议无效。经法院审查，《中华人民共和国商业银行法》（2015年）第五十七条是对商业银行提取呆账准备金、冲销呆账的规定，不适用于本案。《贷款通则》属于银行业规章性质，对外不具有法律效力。因此，某银行在涉案《和解协议书》中自行处分其业经法院判决确定的债权，并不违反相关法律、行政法规的规定，该协议应是合法有效的。

本案中，某银行和某公司达成和解协议，某公司也履行了约定的义务。某银行反悔，根据前面的阐述，由于涉案和解协议没有履行必要的法律手续不能对抗生效的判决，某银行可以申请法院强制执行判决。[①] 该判决强制执行后，某公司能否以某银行违约为由，请求对方赔偿损失？笔者认为，权利人放弃执行判决的部分权益，放弃的是权利，是一种单务行为，权利人可以反悔。义务人失去的只是权利人放弃的权益，而这个权益也本应是义务人履行的义务。如果说某公司有损失，也应是一种信赖损失，而这种信赖损失的保护我国法律没有规定，只规定了缔约过失责任的信赖保护。更准确的说法应该是，义务人的心灵受到了权利人的伤害，权利人不道德、不守信，但这种伤害在现有的法律框架下应是道德调整的范围。所以，某公司和某银行签订的协议即使是有效的，某公司也不能要求对方赔偿损失，更不能要求执行回转，剩下的只能是道义的谴责了。

---

① 《最高人民法院关于适用〈中华人民共和国民事诉讼法〉的解释》（2022年）第四百六十五条："一方当事人不履行或者不完全履行在执行中双方自愿达成的和解协议，对方当事人申请执行原生效法律文书的，人民法院应当恢复执行，但和解协议已履行的部分应当扣除。和解协议已经履行完毕的，人民法院不予恢复执行。"根据最新的规定，私下达成的和解协议履行完毕的，原裁判文书不再恢复执行。

三、和解协议是否具有可诉性

有观点认为，本案的和解协议不产生执行和解的效力。在法律上属于诉讼契约。虽然其以协议形式出现，但是作为一种和解行为，其并非创设新的民事权利义务关系，本质上乃是当事人通过意思自治改变国家公权力所确定的权利义务关系以达到解决执行案件的目的，在性质上不属于独立的民事法律行为，而是具有从属性。这种从属性的诉讼契约本身不具有可诉性。法院认为，根据一审查明的事实，最初驳回某公司起诉的原因是"不符合立案条件"。不符合立案条件的原因是北京市高级人民法院还未对执行复议申请做出审查。后北京市高级人民法院作出裁定，只是认为该和解协议由于没有经法院的确认不产生执行和解的效力，并没有对涉案和解协议的合同效力做出认定，某公司重新起诉要求确认涉案《和解协议书》的效力符合法律的规定，并没有违反"一事不再理"原则。笔者认为，某公司与某银行在执行程序中达成的《和解协议书》是对双方权利义务的自愿调整，属于在双方间确立一个新的法律关系，根据法律的规定应具有可诉性。本案起诉依据的是双方签订的和解协议，执行依据的判决根据的是双方签订的金融借款合同，两个诉讼案件依据的不是同一法律关系。因此，也不违反"一事不再理"原则。

总之，和解协议在不同的阶段，履行不同的手续会产生不同的效果。本案确认双方签订的协议有效，并不意味着支持义务人赔偿损失的请求。只是希望提醒当事人在执行中签订和解协议时务必履行必要的法律手续，否则，不意味着必然产生执行和解的法律效力。

十八、当事人自行和解后再次恶意违约，违约金不予调整

【关键词】 自行和解　违约金　主观恶性　不予调整

【裁判规则】

> 当事人双方就债务清偿达成和解协议，约定解除财产保全措施及违约责任。一方当事人依约申请人民法院解除了保全措施后，另一方当事人违反诚实信用原则不履行和解协议，并在和解协议违约金诉讼中请求减少违约金的，主观恶性较大，人民法院不予支持。

【基本事实】

某贸易公司因与某担保重工公司买卖合同纠纷向一审法院提起民事诉讼，一审法院于 2016 年 8 月作出民事判决，判决某担保重工公司给付某贸易公司货款 5284648.68 元及相应利息。某担保重工公司对此判决提起上诉，在上诉期间，2016 年 10 月 11 日，甲方某担保重工公司与乙方某贸易公司签订协议书，约定：乙方承诺于 2016 年 10 月 14 日前向甲方支付人民币 300 万元，剩余的本金 2284648.68 元、利息 462406.72 元及诉讼费 25802 元（共计 2772857.4 元）于 2016 年 12 月 31 日前向甲方支付完毕。乙方未按照本协议约定的时间支付首期给付款 300 万元或未能在 2016 年 12 月 31 日前足额支付完毕本协议第 3 条确定的全部款项的，乙方应向甲方支付违约金 80 万元。即如果乙方未能在 2016 年 12 月 31 日前足额支付完毕本协议第 3 条确定的全部款项的，甲方可以自 2017 年 1 月 1 日起随时以一审民事判决为依据向人民法院申请强制执行，同时甲方有权向乙方追索本协议确定的违约金 80 万元。双方达成协议后某担保重工公司向二审法院申请撤回上诉并按约定于 2016 年 10 月 14 日给付某贸易公司首期款项 300 万元，某贸易公司按协议约定申请解除

了对某担保重工公司账户的冻结。后续某担保重工公司未按照协议书的约定支付剩余款项，2017 年 1 月某贸易公司申请执行一审民事判决书所确定的债权。

【观点分歧】

观点一：商事主体在诉讼中自愿给对方出具和解协议并承诺高额违约金，但在银行账户解除冻结后并未依约履行后续给付义务，具有极强的主观恶意，严重违反诚实信用原则。此种情形下，双方所约定的违约金应视为惩罚性违约金，不予以酌减。

观点二：本案争议的违约金是二审诉讼中双方达成的和解协议另行约定的违约金，被告尚欠款项本金只有 200 多万元且还需支付利息，该违约金约定的金额远远超出了原告的实际损失，应予以酌减。

【裁判理由】

北京市丰台区人民法院一审判决认为：

在诉讼期间签订了协议书，该协议书均系双方的真实意思表示，不违反法律规定，合法有效，双方应依约履行。根据约定，某担保重工公司未按期足额给付剩余本金、利息及诉讼费，应向某贸易公司支付违约金 80 万元。考虑双方在诉讼期间缔约，该违约金条款系履约担保，如果诚实守信依约履行，则不存在违约金；如果恶意违约，丧失信用，则该违约金具有惩罚性。本案中某贸易公司依约申请解除了对某担保重工公司账户的冻结，但某担保重工公司却再次失信，未依约履行，应按照协议书的约定支付违约金 80 万元。

某担保重工公司不服一审法院判决，向北京市第二中级人民法院提起上诉。

北京市第二中级人民法院二审判决认为：

某贸易公司与某担保重工公司在诉讼期间签订了协议书，该协议书均系双方的真实意思表示，不违反法律法规强制性规定，合法有效，双方诚信履

行。本案涉及诉讼中和解协议的违约金调整问题，审查焦点有：1. 涉案的 80
万元违约金性质之认定，惩罚性违约金抑或补偿性违约金；2. 违约金酌减的
考察因素。

1. 涉案的 80 万元违约金性质之认定，惩罚性违约金抑或补偿性违约金。
惩罚性违约金抑或补偿性违约金之区分应以损失填补为主要标准。《中华人民
共和国合同法》第一百一十四条①规定了违约金制度，分析该条之立法精神，
我国合同法领域，以损失填补为标准，区分了补偿性违约金与惩罚性违约金，
前者系以损失填补为目的，后者除了填补损失外亦具有惩罚违约方之违约行
为的功能。本案中，某贸易公司与某担保重工公司签订协议书约定某担保重
工公司未能于 2016 年 10 月 14 日前向某贸易公司支付人民币 300 万元，剩余
的本金 2284648.68 元、利息 462406.72 元及诉讼费 25802 元（共计
2772857.4 元）于 2016 年 12 月 31 日前支付，则某贸易公司有权申请执行原
一审判决并要求某担保重工公司承担 80 万元违约金。现某担保重工公司于
2016 年 12 月 31 日前未依约向某贸易公司支付剩余的 2772857.4 元，某贸易
公司的损失主要为剩余的 2772857.4 元的财务成本，双方所约定的 80 万元违
约金除填补损失外亦具有惩罚作用，一审法院认定涉案 80 万元违约金系惩罚
性违约金，并无不当，本院亦表认同。

2. 违约金酌减的考察因素。本案中，某担保重工公司在诉讼期间与某贸
易公司达成和解协议并撤回上诉，某贸易公司按协议约定申请解除了对某担
保重工公司账户的冻结。而某担保重工公司作为商事主体自愿给某贸易公司
出具和解协议并承诺高额违约金，但在账户解除冻结后某担保重工公司并未

---

① 对应《中华人民共和国民法典》第五百八十五条规定："当事人可以约定一方违约时
应当根据违约情况向对方支付一定数额的违约金，也可以约定因违约产生的损失赔偿额的计
算方法。约定的违约金低于造成的损失的，人民法院或者仲裁机构可以根据当事人的请求予
以增加；约定的违约金过分高于造成的损失的，人民法院或者仲裁机构可以根据当事人的请
求予以适当减少。当事人就迟延履行约定违约金的，违约方支付违约金后，还应当履行债
务。"

依约履行后续给付义务，具有主观恶意，有悖诚实信用原则。一审法院判令某担保重工公司依约支付 80 万元违约金，并无不当。判决驳回上诉，维持原判。

【法官评析】

根据《中华人民共和国民法典》第五百八十五条的规定，约定的违约金过分高于实际损失时，当事人可以申请人民法院予以酌减。但实践中对该条如何适用争议颇大。本案系当事人在二审诉讼期间达成和解并撤诉后，当事人未履行和解协议而产生的违约金争议案件，争议的焦点在于如何把握调整过高违约金时各考量因素的关系，特别是当事人恶意违约，具有重大过错情形下，如何处理违约金调整问题。

从全国法院案件审理情况看，对于恶意违约的处理大致有三种不同的方式，一是经审查认定构成恶意违约，对违约方调整违约金的请求不予支持。二是经审查认定构成恶意违约，对违约方调整违约金的请求酌情予以支持。三是经审查认定不构成恶意违约，法院对违约方调整违约金的请求予以支持。本案生效裁判认为，违约方的恶意违约行为严重违反诚信原则，主观过错严重，对其减少违约金的请求不予支持。

一、恶意违约的认定标准

违约金作为合同履行的保障方式之一，是当事人意思自治的结果，即使约定的违约金高于实际损失，如果综合考量其他因素后，法院认为不调整违约金符合公平原则和诚实信用原则的，也可以不予调整违约金。从当前的司法实践来看，针对当事人恶意违约的情形，法院需要根据其主观恶意的程度进行综合判断，做出是否调整违约金的裁判，这就涉及如何认定恶意违约。

恶意违约不同于普通违约行为，前者需要考虑违约方的主观状态，后者则无须考虑。同时恶意违约也不同于一般侵权案件中侵权人的主观过错，恶意违约的违约方主观上有一定的恶性，而非单纯的疏忽大意，相较于侵权过错程度更重一些。司法实践中，与违约金调整相关的恶意违约是通过一些客观情形进行界定的，主要有四种情形：一是违反纠纷解决协议，在出现纠纷后，双方进行协商达成清算或补充协议等纠纷解决协议，后其中一方不履行该纠纷解决协议，在诉讼中违约方主张纠纷解决协议中的违约金过高，请求减少，认定为构成恶意违约；二是违约牟利，违约方在具备履约能力的情况下，故意违约并从中获得利益，在诉讼中又请求减少违约金，认定为恶意违约；三是拒不停止违约行为，守约方多次要求违约方停止违约行为，违约方在具备停止违约行为条件的前提下，拒不停止违约行为，后在诉讼中又请求减少违约金的，认定为恶意违约；四是违反诉讼中达成的为解除强制措施的和解协议，违约方为解除诉讼中的强制措施，与守约方达成和解协议，在强制措施解除后，不履行和解协议确定的义务，且又请求减少违约金的，认定为恶意违约行为。上述四种情况中，违约方均具有明显的主观过错，违约的主观恶性、违约情节、违约后果严重，可以认定为恶意违约。

二、恶意违约情形下调整过高违约金的逻辑起点及其考量因素

《最高人民法院关于适用〈中华人民共和国合同法〉若干问题的解释（二）》第二十九条①规定："当事人主张约定的违约金过高请求予以适当减少的，人民法院应当以实际损失为基础，兼顾合同的履行情况、当事人的过错程度以及预期利益等综合因素，根据公平原则和诚实信用原则予以衡量，并作出裁决。当事人约定的违约金超过造成损失的百分之三十的，一般可以认定为合同法第一百一十四条第二款规定的'过分高于造成的损失'。"最高人民法院《关于当前形势下审理民商事合同纠纷案件若干问题的指导意见》第七条规定："人民法院根据合同法第一百一十四条第二款调整过高违约金时，应当根据案件的具体情形，以违约造成的损失为基准，综合衡量合同履

① 根据《最高人民法院关于废止部分司法解释及相关规范性文件的决定》，该司法解释已于 2021 年 1 月 1 日废止。

行程度、当事人的过错、预期利益、当事人缔约地位强弱、是否适用格式合同或条款等多项因素，根据公平原则和诚实信用原则予以综合权衡，避免简单地采用固定比例等'一刀切'的做法，防止机械司法而可能造成的实质不公平。"可见，最高人民法院将违约金调整的逻辑起点限定于当事人不能通过违约金获得超额利润，只有在达到这个逻辑起点时，才可能启动违约金调整程序。根据上述司法解释与司法政策，影响违约金调整的考量因素主要有：违约造成的实际损失、合同履行程度、当事人的过错、预期利益、当事人缔约地位强弱、是否适用格式合同或条款等。

恶意违约方对诉讼秩序的破坏也可以成为调整违约金的参考因素。当前的法律和司法解释没有明确规定法院在调减违约金时，是否应当考虑违约方对诉讼秩序的破坏等因素，但根据《中华人民共和国民法总则》第一百三十二条①规定，民事主体不得滥用民事权利损害国家利益、社会公共利益，实际上是禁止滥用权利破坏诉讼秩序，损害公共利益。违约方为解除对己方财产的保全措施，签订和解协议并承诺高额违约金，在解除对己方的财产保全后又不履行和解协议约定的义务，破坏了诉讼秩序，损害了社会公共利益，对其在情形下减少违约金的请求可以做负面评价。

可见，针对恶意违约方减少违约金的请求，违约造成的守约方的损失、违约方的过错程度、对诉讼秩序等公共利益的破坏等可以成为调整违约金的考量因素。

三、恶意违约方请求减少违约金法院应当如何处理

从上述司法实践的情况来看，大多数裁判观点在认定构成恶意违约后，对恶意违约方减少违约金的请求不予支持，也有少数裁判虽然认定构成恶意违约但基于违约的恶性程度尚不大，或者违约金数额特别高，对于违约方申请减少违约金的请求酌情予以支持。

---

① 对应《中华人民共和国民法典》第一百三十二条。

根据一般的民法原则，对于严重违反诚信原则的法律行为，可以否定该行为的效力、不支持相关权利。一般情况下，恶意违约可以认定为严重违反诚信原则，对减少违约金的请求不予支持，特殊情况下考虑到利益衡量的问题，认为违约金的数额与恶意违约的主观过错程度相比，尚有需要进一步衡量的余地，则可不认定为恶意违反诚信原则，对违约金予以适当调整。违约方为解除对己方财产的保全措施，签订和解协议并承诺高额违约金，在解除对己方的财产保全后又不履行和解协议约定的义务，显然属于严重违反诚信原则的情形，可以对减少和解协议违约金的请求不予支持。

从程序的角度出发，在法律没有特殊规定的情况下，违约金调整应以当事人申请为前提，没有当事人申请法院不应主动调整违约金，除非合同条款本身违法。法官不应用主观判断去评判商事主体对商业违约风险的判断。也就是说，当事人在约定违约金条款时是自愿的，是经过充分商业考量的，应推定是合理的。只有违约方举证证明约定的违约金超过实际损失的30%时，法院才应开始考虑调整的可能性。因此，在审理案件中，既不能机械地将当事人约定的违约金超过造成损失的30%的情形一概认定为《民法典》第五百八十五条规定的过分高于造成的损失，也不能在依法适当减少违约金数额时，机械地将违约金数额减少至实际损失的30%。

本案中，当事人双方在诉讼中达成了和解协议并约定了高额违约金，一方当事人违约后，如果全额支持该违约金，确实很可能出现违约金过分高于损失的情形。但在综合考量其他因素时，法院发现某贸易公司依约在其他案件中撤回了对某担保重工公司名下财产的保全措施，而某担保重工公司违反和解协议的约定在其银行账户解除冻结后并未依约履行后续给付义务。可见，某担保重工公司的行为存在规避执行、"假和解、真逃债"的嫌疑，具有极强的主观恶意，严重违反诚实信用原则，扰乱诉讼秩序。而且，在对其银行账户解除冻结后，守约方在后续的胜诉执行中是否能够执行到位尚不可知。此时若依据实际损失情况对和解协议中的违约金进行酌减，则有可能助长这种不诚信做法，损害守约方的利益，也不利于司法权威的树立以及诚信社会的建设。因此，该恶意违约已经足够严重，可以构成对减少违约金的请求不予支持的理由。

综上，本案中，双方当事人在二审中达成的和解协议合法有效，某担保重工公司作为商事主体在诉讼中自愿达成和解协议并约定高额违约金，其违约行为具有较强的主观恶意，严重违反诚实信用原则。此种情形下，法院应侧重考虑违约金惩罚性功能，对恶意违约方减少违约金的请求，可以不予支持。

十九、绝当后罚息和综合费用收取正当性与否的法理分析

【关键词】 *绝当　违约　息费*

【裁判规则】

> 当物绝当后的责任问题应优先尊重当事人双方的意思自治，在双方没有约定的情况下当物绝当后赎当不是典当人的义务，典当行无权再行主张绝当后的罚息和综合费用。当物变现后不能弥补本金、利息和当期内的综合费用的，典当行可继续向典当人主张剩余本金和利息。

【基本事实】

2009 年 5 月 26 日，郑某与典当行签署了当票，约定：当物为鸡血石，月利率及费率共 3.5%，典当金额 569250 元，综合费用 19250 元，实付金额 55 万元，典当期限至 2009 年 6 月 26 日止。当日，双方还签订了《补充协议》，约定：郑某以其委托典当行销售的商品提供追加担保，双方签订了《代销商品明细表》，确认了代销商品数量和价格。典当期满后，郑某既未赎当亦未续当。后双方发生争议，郑某起诉要求典当行返还 14 件代销商品及 6000 元代销商品价款。典当行反诉要求郑某偿还尚欠的借款本金、息费及罚息并请求判令典当行有权就拍卖、变卖代售物品所得价款在 10 万元范围内优先受偿。

【观点分歧】

观点一：绝当后按照协议约定的息费标准收取当户的利息和综合费用，属于法律的应有之义。如果法院对此不支持，等同于变相引导当户违约。由于造成"违约"比"守约"成本低，变相减轻了当户的违约责任，就会出现逾期贷款，使得典当行收贷困难，费时费工，经营陷入困境。再说，也容易助长社会上不诚信的风气。

观点二：绝当后，典当行可以依法处置当物以优先清偿自身债权，不存在再为当户提供服务的情形，当户不必再向典当行支付综合费用。对于利息可按照贷款合同违约后迟延支付金钱债务的违约金计算方法，在合理期限内的罚息利率按照中国人民银行规定的逾期贷款利率计算，超出合理期限的罚息可不予支持。

观点三：当户未及时还款构成违约，如果双方有约定则按约定处理，如果没有约定或者约定不明，则参照《典当管理办法》第四十条、第四十三条办理，不支持综合费用和罚息。绝当后的时间也是当户逾期还款的延续，当户应承担违约责任，赔偿典当行的利息损失，利率以中国人民银行规定的同期贷款利率的四倍为限，不支持"绝当"后的综合费用。

【裁判理由】

北京市朝阳区人民法院一审判决认为：

郑某与典当行签订的《补充协议》《代销商品明细表》的内容显示郑某将代售物品或物品的出售价款作为质押物以担保典当行实现0041280号当票中的债权，该两份协议及双方间签订的《委托销售合同》、当票均系出自双方自愿，内容不违反有关法律、行政法规的强制性规定，为有效合同，双方均应依约履行。《典当管理办法》第四十条规定："典当期限或者续当期限届满后，当户应当在5日内赎当或者续当。逾期不赎当也不续当的，为绝当。当户于典当期限或者续当期限届满至绝当前赎当的，除须偿还当金本息、综合费用外，还应当根据中国人民银行规定的银行等金融机构逾期贷款罚息水平、典当行制定的费用标准和逾期天数，补交当金利息和有关费用。"根据该规定，典当行在当户逾期赎当的情况下，有权要求当户偿还当金本息、综合费用，并补交当金利息和罚息。本案中，典当行将郑某的当物作为绝当进行了拍卖，其反诉要求郑某支付自2009年7月1日绝当之日至当物拍卖之日的罚息及息费，缺乏法律依据，该院不予支持。郑某应支付自当票签订之日至绝当之日的息费 22458 元。因综合费用已预扣，故郑某应偿付典当行当金本息、拍卖费用合计 603208 元，低于当物拍卖价款 615000 元，应认定郑某已将当票的相关债务清偿完毕，典当行的债权因实现而消灭，典当行对《代销商品明细表》中的代售物品享有的质权也随之消灭，郑某的诉讼请求于法有据，该院予以支持；典当行的反诉请求缺乏法律依据，该院不予支持。

典当行不服一审判决，向北京市第二中级人民法院提起上诉。

北京市第二中级人民法院二审判决认为：

《典当管理办法》第四十三条第一项规定："当物估价金额在 3 万元以上的，可以按照《中华人民共和国担保法》的有关规定处理，也可以双方事先约定绝当后由典当行委托拍卖行公开拍卖。拍卖收入在扣除拍卖费用及当金本息后，剩余部分应当退还当户，不足部分向当户追索。"依照上述法律规定，典当行对于当物拍卖的收入只能扣除拍卖费用和当金本息，剩余的部分应当退还当户，并不包括综合费用。而且本案中典当行与郑某未明确约定绝当后典当行有权向郑某收取综合费用。因此，典当行要求郑某按照 3.5% 费率支付绝当后的综合费用，无合同约定亦无法律依据，该院不予支持。

《典当管理办法》第四十条规定："典当期限或者续当期限届满后，当户应当在 5 日内赎当或者续当。逾期不赎当也不续当的，为绝当。当户于典当期限或者续当期限届满至绝当前赎当的，除须偿还当金本息、综合费用外，还应当根据中国人民银行规定的银行等金融机构逾期贷款罚息水平、典当行制定的费用标准和逾期天数，补交当金利息和有关费用。"0041282 号当票的典当须知第六条约定："赎当时发还当物，收回典当金额并计收利息。过期赎当，每日加收典当金额 0.5% 的服务费。"因此，典当行在郑某逾期赎当的情况下有权要求其偿还当金本息、综合费用，并补交罚息和服务费。而郑某在典当期限届满后既未赎当也未续当，依照法律规定和双方约定为绝当，而非逾期赎当情形。典当行按照上述有关逾期赎当的法律规定和约定要求郑某支付绝当后的罚息和服务费，该院不予支持。

一审法院经审理查明认定郑某已清偿完毕 0041282 号当票项下的债务，典当行的债权因实现而消灭，符合双方约定和法律规定。因此，该院对一审判决予以维持，对典当行的上诉请求不予支持。二审判决驳回上诉，维持原判。

【法官评析】

中国典当业自汉末发展至今已有近两千年历史，改革开放以后以一种新的形式重新发展起来。总体来讲，大致可以把典当行业的发展划分为四个阶段。第一个阶段是 1987 年至 1993 年，当物以动产为主，大量出现流质现象，典当性质视为营业质；第二个阶段是 1993 年至 2000 年，将典当行定性为"非银行金融机构"，实践中开始大量出现不动产典当现象，典当性质以特殊借贷担保为主；第三个阶段是 2000 年至 2003 年，不动产作为典当标的首次被写进规章，典当性质变为营业质押与营业抵押合并成为营业担保；第四个阶段是 2003 年至今，此阶段商务部修改了相关规定，重新加强了典当业入门标准和行业监管，典当性质仍为营业担保。

我们对典当行业的认识，也是在不断地完善和变化中，以至长期以来，有关绝当后息费的话题一直是业内关注的焦点，风格迥异的观点和做法也层出不穷。这也造成了法院同案不同判的情况，在一定程度上损害了司法判决的公信力，主要原因：一是《典当管理办法》作为部门规章，位阶较低，在案件审理中法官只作为参照来适用，难以与更高层次的民事立法相抗衡；二是典当协会未制定相应的行业规则，在审理过程中无行业惯例可以参照；三是迄今为止理论界和实践界也没有对典当的性质达成共识，典当是特殊的商行为，有自身独特的运行规则，《中华人民共和国民法典》合同编、物权编、担保编的有关规定不能完全照搬适用于典当行业①，但哪些制度对典当

---

① 从目前的民法典规定来看，对此问题仍然没有具体规定。《中国银保监会办公厅关于加强典当行业监督管理的通知》（银保监办发〔2020〕38 号）对典当行业的规范运行以规范性文件的形式提出了具体要求。

业适用存在较大争议。解决上述争议，必须对典当的性质和绝当的后果进行进一步的厘清。

一、典当的性质

根据《典当管理办法》第三条的规定，从形式上看，典当是"以物换钱"的一种借贷融资活动，据此，理论界和实践界中很多人认为典当关系是一种典当行与当户特殊性质的借贷关系。但是，典当行金融机构的定性已在2000年被撤销，如果认定典当是借贷性质那只能属于民间借贷，根据法律规定民间借贷不得超过同类利率的四倍①，并对因借贷产生的抵押关系给予保护。然而，《典当管理办法》规定"当金利率按央行同期贷款利率执行"，这就间接地否认了典当民间民事借贷的性质。另外，典当关系中综合费用的计算按照当金的百分比计算，这高达4.7%的月利率远远高于任何民事借贷利率，此种暴利行为是不能被民事法律所允许的，这只能说明典当是一种特殊的商事营业活动，而非特殊民事借贷的性质。

二、绝当的法律后果

按照我国传统的典当观念，绝当后，当物所有权直接转移给典当行，典当双方的权利义务关系终止。对典当行而言，典当行集债权人与债务人于一身，发生债的混同。对当户而言，当户以让渡当物的所有权给典当行为代价而使典当行免除其债务。目前，传统民事领域我国担保法和物权法均严格禁止流质契约。在商事领域中，典当在特殊情况下是否可以允许流质契约的存在，《典当管理办法》对此没有正面的规定。根据《典当管理办法》第四十三条第一项、第二项的规定，绝当的法律后果为两个方面：当户无权再赎当

---

① 《中国银保监会办公厅关于加强典当行监督管理的通知》（银保监办发〔2020〕38号）第十条要求："合理确定息费。典当当金利率按贷款市场报价利率（LPR）及浮动范围执行，当金利息不得预扣。典当行应当根据实际提供的服务向当户收取综合费用，且不得超过《典当管理办法》规定的费率上限。鼓励典当行改进服务，进一步降低小微企业和居民个人综合融资成本"，载中国银行保险监督管理委员会官网，http：//www.cbirc.gov.cn/cn/view/pages/index/index.html，最后访问时间：2022年12月29日。

和当物由典当行处置以清偿债务。具体来讲就是，当物估价不足 3 万元的，绝当后典当行损益自负；但是当物估价一旦超过 3 万元，就得多退少补。

有人认为对于当物估价在 3 万元以上的情形，当户与典当行之间的权利义务关系并未终结，这里所谓的多退少补，针对的仅是绝当前所产生的利息和综合费而已，并不代表绝当后典当行还可以继续收取利息和综合费，绝当后典当行是否能继续收取利息和综合费用《典当管理办法》都没有明确规定。也有人认为，对当物估价在 3 万元以上的情形，当物归属典当行所有的原则，当户不赎当，会对典当行的利益造成一定的利息损失，所以在合理期限内应适当补偿典当行的损失。[1]

三、典当贷款和银行担保贷款的主要区别

之所以会出现上面的争议，关键的是混淆了典当贷款和担保贷款二者的区别。典当是一种特殊的商事营业活动，而非特殊民事借贷的性质[2]。二者的主要区别如下：

1. 标的不同。典当具有营业担保性质。故而任何有价值的物品，能够通过一定途径变现，就可以典当。而银行贷款则不一样，银行贷款可以抵押的物品类别很狭窄，基本限于房产、存款等，对于一般的生活用品不予抵押发放贷款，当然有时也可以是信用担保。典当中的出典人只能是借款人本人，银行担保的抵押人既可以是债务人本人，也可以是债务人以外的第三人。

2. 操作模式不同。银行一般是用储户的存款放贷，典当行是自有资金放贷；银行审贷严格，放款慢，从签约到放款需要 15—30 天，典当借款手续简便快捷，只要手续齐全，当天或次日即可放款；典当期限最长 6 个月，银行贷款期限依双方的约定，可以是几年甚至几十年。典当是差额担保，抵押是等价担保。在典当行办贷款的额度要高，一般房产典当只为房产价值的 50%，

---

① 雷新勇：《论绝当后息费的计算》，载《法律适用》2011 年第 10 期。

② 朱巍：《典当管理条例（送审稿）修改建议——以典当的商行为性质为视角》，载国际经济法网，http://ielaw.uibe.edu.cn/lfjy/7939.htm，最后访问时间：2022 年 12 月 9 日。

而银行房产抵押贷款能贷房产价值的 70% 左右。

3. 标的物占有方式不同。典当转移标的占有权，而抵押不转移标的占有权。典当期间是要把物品封存起来并置于典当行的监管之下，典当人不能再使用已出典的物品。银行抵押是指抵押人以其合法的财产以不转移占有的方式向抵押权人提供债务履行担保的行为。在抵押期间内，不转移财产占有，财产仍归原产权人使用。

4. 收益不同。典当行业由于典当的大部分是实物，管理资金成本较大，所以对于典当品除了收取利息外，还要收取一定数目的综合费用。银行则主要是权利质押后资金融通，基本不存在实物管理，主要收取的是利息和逾期利息滞纳金。银行收费一般年利息在 6.8% 左右，典当行年息费率在 60% 左右；总的来说，典当行的综合费用要高，银行贷款的利息较低。

5. 风险不同。在银行担保中，如果担保财产发生毁损或价值发生改变，担保的效力仍及于该赔偿物或代替物。但是在典当关系中，典当行不能就当物毁损的赔偿金、保险金优先受偿，而由典当行自负风险，当物不具有物上代位性。

四、绝当后息费收取的法理分析

在对担保贷款和典当贷款进行比较后，我们发现二者的运行规则有很大的区别，当事人双方所享有的权利义务也区别较大，在典当关系中，当户可以选择还款，也可以选择让当物绝当。赎当是当户的权利，而非义务，绝当后还要当户继续承担利息和综合费用，无异于强制当户赎当。换句话说，典当行在当期内不仅可以享受较高的收益，绝当后也无须承担较大的风险，这和权利义务相一致的法理原则也是相冲突的。

1. 对于绝当后综合费是否可以收取问题。《典当管理办法》第三十八条将典当综合费用的范围界定为：典当综合费用包括各种服务及管理费用。所谓服务费用要以服务为基础，但是绝当后，当户无权赎当，典当行可以依法处置当物以优先清偿自身债权，不存在再为当户提供服务的情形，此时典当行如果有服务，也是为典当行自身而服务。对于管理费用也一样如此，典当行除了会在质押的情形下发生实际的保管费用外，几乎不会发生其他任何管理费用，这种质押本身就要求典当行须控制质押物，保管既是典当行的义务，也是其彰显权利的一种形式。绝当后典当行对当物进行保管是基于典当行为实现自身利益（处置当物优先受偿）而进行的，并非必然为当户利益而保管，应当无权要求当户在绝当后继续承担综合费用。

2. 对于罚息收取问题。有人认为，赎当是指典当期限届满，当户偿还当金本息及相应费用，从典当行换回原当物的行为。当户还款是在先履行义务，典当行返还当物是在后履行义务。基于合同原理，赎当应于典当合同约定的典当期限届满之日完成，过期即构成违约。当户在典当期限届满之日偿还当金本息及相应费用就已违反了自己在赎当阶段的在先履行义务，构成违约，应承担违约责任。笔者认为，这种观点恰恰是混淆了担保贷款和典当借款的区别，忽视了典当的特殊行业规则。从《典当管理办法》第三十八条和第四十三条的规定来看，既没有支持绝当后收取综合费用，也没有支持绝当后收取罚息。更为重要的是，我国禁止企业之间借贷，发放贷款是银行金融机构的专营业务，之所以允许典当行从事贷款业务，是因为我国长期存在的典当制度有其存在的理论基础和现实的需要，但是国家允许典当行存在，并不是要将典当业与银行业混同，将典当与普通借款混同，而是想将其控制在合理的范围之内，尤其是对传统的典当业的某些制度如绝当、赎当、续当等必须承继，这也正是典当业作为具有贷款发放资格的特殊工商企业而存在的前提。① 当然如果绝当后，当物变现后不能弥补本金、利息和当期内的综合费用的，可继续向典当人主张剩余本金和利息。

综上所述，由于典当行业的特殊性质，单纯的民事理论无法将其完全涵

---

① 朱巍：《典当管理条例（送审稿）修改建议——以典当的商行为性质为视角》，载国际经济法网，http://ielaw.uibe.edu.cn/lfjy/7939.htm，最后访问时间：2022 年 12 月 9 日。

盖其中，在典当关系中优先适用商事特别规范。因此，笔者认为，在《典当管理条例》出台前，法院在审理典当类案件时，应优先尊重当事人的意思自治，在双方没有约定的情况下优先参照适用《典当管理办法》，在办法没有规定的情况下，再适用民法典的有关规定，从而适应典当行业的特殊规则。也就是说，在当事人没有约定的情况下，对典当行绝当后收取息费的主张不予支持。

第二编 公司编

第一章 股东出资不实的责任问题

一、股东瑕疵出资也应享有知情权

【关键词】 瑕疵出资 知情权

【裁判规则】

> 股东知情权是股东的法定权利，基于其身份而享有的固有权利。只要权利人具备股东身份且按照法律规定的方式和范围行使股东知情权，公司不得以任何方式对该权利加以剥夺或者限制。

【基本事实】

某城建公司于 1991 年 1 月 16 日设立，现登记企业类型为其他有限责任公司，注册资本为 400 万元。赵某某系记载于某城建公司股东名册的股东，其登记出资数额为 30 万元。2015 年 11 月 7 日，赵某某向某城建公司致函要求查阅某城建公司财务会计账簿。该函件内容如下："依据《中华人民共和国公司法》有关规定，股东赵某某要求查阅公司财务会计账簿，质询公司经营情况以及重大事项处理的真实情况……请在十五日内给予书面答复。"某城建公司确认其已经收到该函件。某城建公司认为赵某某系记载于某城建公司股东名册上的股东，但其应缴注册资本金额为 30 万元，实缴注册资本金额为

25 万元，赵某某不应享有公司股东的权利。

【观点分歧】

股东未全部实缴出资是否享有股东知情权？

【裁判理由】

北京市大兴区人民法院一审判决认定：

依据相关法律规定，股东有权查阅、复制公司章程、股东会会议记录、董事会会议决议、监事会会议决议和财务会计报告。股东可以要求查阅公司会计账簿。股东要求查阅公司会计账簿的，应当向公司提出书面请求，说明目的。公司有合理根据认为股东查阅会计账簿有不正当目的，可能损害公司合法利益的，可以拒绝提供查阅，并应当自股东提出书面请求之日起十五日内书面答复股东并说明理由。公司拒绝提供查阅的，股东可以请求人民法院要求公司提供查阅。据此，有限责任公司的股东知情权，是法律赋予股东通过查阅公司的股东会会议记录、财务会计报告等有关公司文件资料，进而了解公司经营状况和管理模式的法定权利。本案中，赵某某依法享有股东知情权的前提条件是其已依法取得某城建公司的股东资格。根据前述查明事实，赵某某系某城建公司股东，相关出资情况亦已记载于某城建公司股东名册。且经法院审查，赵某某业已履行行使股东知情权的前置程序。据此，法院确认赵某某依法享有并有权行使股东知情权。一审法院判决某城建公司于判决生效之日起十日内备置 2006 年 6 月至 2015 年 12 月的公司章程、股东会会议记录、董事会会议决议、监事报告、财务会计账簿供赵某某查阅。

某城建公司不服一审法院判决，向北京市第二中级人民法院提起上诉。

北京市第二中级人民法院二审判决认为：

股东知情权是公司股东基于其股东身份而取得的固有权利，股东有权按照法律规定的方式及内容行使上述权利。本案中，根据某城建公司章程之记载，赵某某系该公司股东，出资额为 30 万元，故赵某某有权依照公司章程中关于其股东身份之记载主张行使股东知情权。某城建公司上诉称赵某某并未足额出资，其不享有股东知情权的意见，法院认为，公司股东对公司存在瑕疵出资的，应当承担对公司的资本充实责任，但并不因此而当然丧失股东身份及对公司的知情权利，同时某城建公司提交的 2016 年 5 月 16 日的《关于股东拖欠股金证明》系其单方制作，在没有其他证据证明赵某某存在瑕疵出资行为的情况下，并不足以推翻公司章程之记载，故对某城建公司的该项上诉主张，法院不予支持。针对某城建公司认为其已分批退还赵某某股金，赵某某不再享有股东权利一节，法院认为，股东退出公司的，应该履行法律规定的程序。某城建公司提交股权转让书及收条等证据用于证明其曾向赵某某退还股金，但同时亦认可赵某某系某城建公司工商登记之股东且其股份并未让与他人，故某城建公司仅凭上述付款证据并不足以证明赵某某存在《中华人民共和国公司法》意义上的退股行为，赵某某基于其股东身份而取得的知情权利亦不因此而丧失。判决驳回上诉，维持原判。

【法官评析】

股东出资是构成公司财产的基础来源，从一般意义上讲，股东有没有出资是获得股东资格的必要条件。股东未依法履行出资义务构成瑕疵出资，包括股东未履行出资义务、未全面履行出资义务、抽逃出资。不论是瑕疵出资还是抽逃出资本质上均是未对公司履行出资义务，违规减资可视为特殊情形的抽逃出资。根据公司法的规定，股东瑕疵出资应承担相应的责任。

一、股东瑕疵出资的外部法律后果

（一）债权人的救济途径

债权人要求未依法履行出资义务的股东承担相应责任的直接法律依据是《最高人民法院关于适用〈中华人民共和国公司法〉若干问题的规定（三）》（2020 年修正）〔以下简称《公司法解释三》（2020 年）〕第十三条第二款和第三款、第十四条。实践中，对于债权人如何确立请求权基础，如何确定案件的案由，存在一定的分歧。有观点认为，根据最高人民法院2020年修订的《民事案件案由规定》，二级案由"与公司有关的纠纷"下设有三级案由"股东出资纠纷"，最高人民法院将该三级案由解释为"如果股东未按规定缴纳出资，或者虚假出资、出资不足、抽逃出资等，即可能引发公司与规定、股东与股东、股东与债权人之间的出资纠纷和诉讼，股东可能被起诉而依法承担继续履行、损害赔偿等违约责任"①，上述内容涉及股东与债权人之间因股东出资问题而引发的纠纷，与《公司法解释三》（2020年）第十三条、第十四条的规定更加贴切，更具有针对性，因此对于依据《公司法解释三》（2020年）第十三条、第十四条提起诉讼的案件，案由应确定为股东出资纠纷。另有观点认为，上述《民事案件案由规定》将"股东损害公司债权人利益责任纠纷"界定为"股东损害公司债权人利益责任纠纷是指公司股东因滥用公司法人独立地位和股东有限责任，逃避债务，严重损害公司债权人利益，对公司债务承担责任的民事纠纷"②。而股东未依法履行出资义务，正是股东滥用公司法人独立地位和股东有限责任，逃避债务，严重损害公司债权人利益的具体表现，因此，此类诉讼的案由应确定为股东损害公司债权人利益责任纠纷。还有观点认为，应当根据诉辩双方当事人争议的焦点问题确定案由，如果债权人与债务人公司的股东就股东是否依法履行了出资义务的问题存在争议，则应当将案由确定为股东出资纠纷；如果债权人与债务人公司的股东就股东是否应当承担责任、应当承担何种责任、承担责任的范围大小等问题存在争议，则应当将案由确定为股东出资纠纷。

　　笔者认为，上述观点均不无道理，而且司法实践中，债权人依据《公司法解释三》（2020年）第十三条、第十四条的规定起诉债务人公司股东的案

---

　　①　最高人民法院研究室：《最高人民法院民事案件案由规定理解与适用》，人民法院出版社2021年版，第741页。

　　②　最高人民法院研究室：《最高人民法院民事案件案由规定理解与适用》，人民法院出版社2021年版，第767页。

件，既有将案由确定为股东出资纠纷的案例，也有将案由确定为股东损害公司债权人利益责任纠纷的案例。应当说，股东未依法履行出资义务，既违反了《中华人民共和国公司法》（2018年）关于股东出资义务的规定，同时也违反了《中华人民共和国公司法》（2018年）关于股东不得滥用公司法人独立地位和股东有限责任损害公司债权人利益的规定，在此情况下，债权人向债务人公司的股东主张权利的法律依据既包括《公司法解释三》（2020年）第十三条、第十四条，也应当包括《中华人民共和国公司法》（2018年）第二十条第一款、第三款，即债权人的请求权存在竞合的情况。人民法院应当按照当事人自主选择行使的请求权，根据当事人诉争的法律关系的性质，确定相应的案由。因此，此类诉讼可根据原告起诉时的选择来确定案由为股东出资纠纷或者股东损害公司债权人利益责任纠纷。根据《公司法解释三》（2020年）的规定，公司、其他股东和公司债权人均有权向瑕疵出资或抽逃出资的股东提起诉讼，瑕疵出资或抽逃出资的股东因不同的事由承担不同的法律责任。债权人以其利益受到损害为由而起诉的，适用民事诉讼法及相关司法解释关于侵权纠纷管辖的一般规定，一般包括公司住所地。

此外，《最高人民法院关于民事执行中变更、追加当事人若干问题的规定》第十七条规定："作为被执行人的营利法人，财产不足以清偿生效法律文书确定的债务，申请执行人申请变更、追加未缴纳或未足额缴纳出资的股东、出资人或依公司法规定对该出资承担连带责任的发起人为被执行人，在尚未缴纳出资的范围内依法承担责任的，人民法院应予支持。"第十八条规定："作为被执行人的营利法人，财产不足以清偿生效法律文书确定的债务，申请执行人申请变更、追加抽逃出资的股东、出资人为被执行人，在抽逃出资的范围内承担责任的，人民法院应予支持。"依据上述两条规定，在执行过程中，如果作为被执行人的公司没有足额财产可供执行，而该公司的股东又存在未履行出资义务或者抽逃出资的情形，那么，申请执行人可以要求执行法院直接追加该股东为被执行人。

（二）瑕疵出资股东应对债权承担的责任范围和形式

《公司法解释三》（2020 年）第十三条第二款规定："公司债权人请求未履行或者未全面履行出资义务的股东在未出资本息范围内对公司债务不能清偿的部分承担补充赔偿责任的，人民法院应予支持；未履行或者未全面履行出资义务的股东已经承担上述责任，其他债权人提出相同请求的，人民法院不予支持。"第十四条第二款规定："公司债权人请求抽逃出资的股东在抽逃出资本息范围内对公司债务不能清偿的部分承担补充赔偿责任、协助抽逃出资的其他股东、董事、高级管理人员或者实际控制人对此承担连带责任的，人民法院应予支持；抽逃出资的股东已经承担上述责任，其他债权人提出相同请求的，人民法院不予支持。"该两个条文规定了公司债权人对瑕疵出资股东及相关责任人的诉权。瑕疵出资股东承担责任的范围是未出资的本息范围之内，责任类型并非连带责任，而仅仅是补充责任。所谓补充责任，是指公司债权人不能首先向瑕疵出资股东提出请求，只有在公司不能清偿债务的前提下，才能请求瑕疵出资股东承担未出资范围内的赔偿责任。而且股东已经承担过补充赔偿责任，其他债权人提出相同请求的，人民法院不予支持。因此，股东承担的责任是"有限责任"和"一次性责任"。所谓"有限责任"，是指上述股东向全体债权人承担赔偿责任的范围以股东未履行出资义务的本金及利息范围为限；所谓"一次性责任"，是指上述股东已经赔偿的总金额达到责任限额时，其他债权人不得再以相同事由向该责任主体提出赔偿请求。[①] 在判决主文中应当体现股东承担责任的范围以及债务清偿的顺序。

此外，需要明确的是，"股东已经承担上述责任"必须是股东实际向债权人履行了赔偿义务，不能仅依据要求股东向债权人承担相应责任的法院裁判文书或者仲裁裁决主张股东已经承担了相应责任，股东应及时提交相关的其他法

---

① 最高人民法院民事审判第二庭：《最高人民法院关于公司法解释（三）、清算纪要理解与适用》，人民法院出版社 2011 年版，第 284 页。

院的执行文书或者主动履行的凭证等证据材料，必要时可提出执行异议①。如果几个法院的判决都在股东抽逃出资的本息范围内判决股东承担连带责任，可按照执行分配程序进行处理。

（三）对债权人承担连带责任的相关主体

《公司法解释三》（2020年）第十三条第三款规定："股东在公司设立时未履行或者未全面履行出资义务，依照本条第一款或者第二款提起诉讼的原告，请求公司的发起人与被告股东承担连带责任的，人民法院应予支持；公司的发起人承担责任后，可以向被告股东追偿。"因此，根据该条规定，与瑕疵出资股东承担连带责任的应当只局限于公司的发起人，不包括除发起人以外的其他股东。《公司法解释三》（2020年）第十三条第四款规定："股东在公司增资时未履行或者未全面履行出资义务，依照本条第一款或者第二款提起诉讼的原告，请求未尽公司法第一百四十七条第一款规定的义务而使出资未缴足的董事、高级管理人员承担相应责任的，人民法院应予支持；董事、高级管理人员承担责任后，可以向被告股东追偿。"因此，在增资瑕疵出资中，除了被告股东之外，董事、高级管理人员也应承担责任，其原因在于增资时董事、高级管理人员对资本负有监督催缴之责。应当注意的是，董事和高级管理人员承担责任的情形只限于增资过程中股东有出资瑕疵的行为，而且承担的只是"相应责任"，并不是连带责任。相应责任的确定，应与其不适当履行监督催缴之责相对应，在实际的裁判过程中，也应当查清董事和高级管理人员是否有上述不当行为。

---

① 相应案例可参见最高人民法院（2017）最高法民申1841号民事裁定书，载中国裁判文书网，https：//wenshu. court. gov. cn/website/wenshu/181107ANFZ0BXSK4/index. html？docId＝p58Y +/H8HaW0DYLQ8O3Bss68ZoOfuRR8VwuHai9GBG8RCtlnGwjG3PUKq3u + IEo4Zy59yGAfz1nfGzbpTwYCiVY2Z98y9uxYDaWbM/wvtGC/VRyh+OJFWaVQzJSmVWDk，最后访问时间：2023年1月4日。

此外，瑕疵出资的股东在转让股权后，受让股东应同时承担连带责任。《公司法解释三》（2020 年）第十八条第一款规定："有限责任公司的股东未履行或者未全面履行出资义务即转让股权，受让人对此知道或者应当知道，公司请求该股东履行出资义务、受让人对此承担连带责任的，人民法院应予支持；公司债权人依照本规定第十三条第二款向该股东提起诉讼，同时请求前述受让人对此承担连带责任的，人民法院应予支持。"据此，如果债务人公司是有限责任公司，其股东未履行或者未全面履行出资义务即转让股权，该股东未尽的出资义务并未免除，同时由于受让人在受让股权时应当查证该股权所对应的出资义务是否履行，具有较公司其他股东更高的注意义务，在受让人明知转让股东未尽出资义务仍受让股权时，其应对转让人未尽的出资义务承担连带责任。因此，债权人可以同时请求转让人、受让人连带承担相应责任。需要另外特别说明的是，上述规定适用情形是有限责任公司的股东未履行或者未全面履行出资义务即转让股权，并未提及抽逃出资的问题，鉴于抽逃出资本质上也属于未履行出资义务的情形，笔者认为，抽逃出资的股东可以参照适用该规定的观点。

二、股东瑕疵出资的内部法律后果

（一）股东未出资或者未足额出资不直接导致股东资格丧失

股东应向公司履行出资义务，对于未按照发起人协议或者公司章程的约定足额缴纳出资的，应承担补足出资的责任和向其他足额出资股东承担违约责任，并不导致直接否定其股东资格，二者属不同的法律关系。对于股东未履行出资义务，或抽逃全部出资的，公司法赋予公司其他股东以股东会决议的形式解除该股东的股东资格的权利。但是股东资格的解除是对股东权利的全面否认，其适用必须严格符合法律规定的条件，只有在股东未履行全部出资义务或抽逃全部出资的情况下，其他股东才有权通过股东会的方式行使这一权利，该股东应回避表决。①《公司法解释三》（2020 年）第十七条第一款规定："有限责任公司的股东未履行出资义务或者抽逃全部出资，经公司催告缴纳或者返还，其在合理期间内仍未缴纳或者返还出资，公司以股东会决议解除该股东的股东资格，该股东请求确认该解除行为无效的，人民法院不予支持。"该条规定了公司有权对瑕疵出资的股东作出除名的决议，解除其股东资格。之后，公司应当及时办理法定减资程序或者由其他股东或者第三人缴纳相应的出资。但是，应当注意到：第一，公司的除名决议必须在催告缴纳或者返还，其在合理期间内仍未缴纳或者返还出资之后才能作出；第二，股东的行为必须是全部未履行出资义务或者抽逃全部出资，如果股东只是部分未履行或者抽逃部分出资，则公司是无权对其作出除名决议的。对于合理期间的确定，应当根据发起人协议或公司章程约定的出资形式进行确认，如果股东是以知识产权出资的，如商标、专利等，则应当考虑知识产权转让存在的审批手续等，给予符合完成相关程序所需的必要时间。如果是以货币出资，但出资金额巨大，则应当考虑组织资金的必要时间。

（二）股东有瑕疵出资行为，公司可以对该股东的股东权利进行限制

《中华人民共和国公司法》（2018 年）第四十二条规定："股东会会议由股东按照出资比例行使表决权；但是，公司章程另有规定的除外。"股东认缴的出资未届履行期限，对未缴纳部分的出资是否享有以及如何行使表决权等问题，应当根据公司章程来确定。公司章程没有规定的，应当按照认缴出资的比例确定。如果股东（大）会作出不按认缴出资比例而按实际出资比例或者其他标准确定表决权的决议，股东请求确认决议无效的，人民法院应当审

---

① 上海第二中级人民法院（2014）沪二中民四（商）终字第 1261 号民事判决书，根据该判决撰写的宋余某诉上海万某国际贸易有限公司等公司决议效力确认纠纷案典型案例获"促公正·法官梦"第二届全国青年法官案例评选一等奖，载中国裁判文书网，https：//wen-shu. court. gov. cn/website/wenshu/181107ANFZ0BXSK4/index. html？docId＝BhS21xK8lCXiUeq56En/WUvHaZlPjfKHVRrs15neu6l0ZpYw4QsZ/fUKq3u＋IEo4Zy59yGAfz1nfGzbpTwYCiVY2Z98y9uxYvb77MR4zDn6CUT9aGyMf85cqKGTH3m+W，最后访问时间：2023 年 1 月 4 日。

查该决议是否符合修改公司章程所要求的表决程序，即必须经代表三分之二以上表决权的股东通过。符合的，人民法院不予支持；反之，则依法予以支持。《公司法解释三》（2020 年）第十六条规定："股东未履行或者未全面履行出资义务或者抽逃出资，公司根据公司章程或者股东会决议对其利润分配请求权、新股优先认购权、剩余财产分配请求权等股东权利作出相应的合理限制，该股东请求认定该限制无效的，人民法院不予支持。"公司限制股东权利的前提是公司章程中有限制股东权利的规定或者公司作出了限制股东权利的决议，公司擅自限制股东权利的，其行为不具有合法性。有一点需要注意，公司章程可以限制瑕疵出资股东的权利，但不能剥夺其固有权利。

（三）关于具体承担的内部责任的形式

《中华人民共和国公司法》（2018 年）第二十八条第二款规定："股东不按照前款规定缴纳出资的，除应当向公司足额缴纳外，还应当向已按期足额缴纳出资的股东承担违约责任。"该种违约责任的请求权源于在发起设立公司过程中，发起人签署的发起人协议或者股东签署公司章程，发起人协议与公司章程以合同安排的方式确定了出资关系，因此，出资瑕疵对其他股东所承担责任应当视为违约责任。《中华人民共和国公司法》（2018 年）第三十条规定："有限责任公司成立后，发现作为设立公司出资的非货币财产的实际价额显著低于公司章程所定价额的，应当由交付该出资的股东补足其差额；公司设立时的其他股东承担连带责任。"出资瑕疵股东对公司主要承担资本充实责任，在存在出资瑕疵的情形，公司获得对公司的直接诉权，且不受诉讼时效的限制。

三、瑕疵出资股东享有股东知情权

股东知情权是股东了解公司经营状况、财务状况以及其他与股东利益存在密切关系的公司情况的权利。按照现代公司法的基本理论，股东知情权是在公司所有权与经营权分离的现实背景下，为了平衡公司及其所有者和经营者三方权益，而由法律赋予股东了解公司经营信息的基本权利，该项权利是股东参与公司管理的前提，亦是股东行使其他股东权利的基础。

从股东知情权的权利性质来看，股东知情权属于股东权利的一种，股东对公司认缴出资并取得股东身份后，可行使包含知情权在内的一系列股东权利。股东对公司的知情权是基于其股东身份而享有，该权利始于股东身份的取得而终于股东身份的丧失，具有明显的身份属性和社员属性。股东知情权作为股东权利的组成部分，是股东的法定权利，基于其身份而享有的固有权利。因此，只要权利人具备股东身份且按照法律规定的方式和范围行使股东知情权，公司不得以任何方式对该权利加以剥夺或者限制。

本案中，某城建公司系有限责任公司，赵某某是公司股东。《中华人民共和国公司法》（2018 年）第三十三条规定："股东有权查阅、复制公司章程、股东会会议记录、董事会会议决议、监事会会议决议和财务会计报告。股东可以要求查阅公司会计账簿。股东要求查阅公司会计账簿的，应当向公司提出书面请求，说明目的。公司有合理根据认为股东查阅会计账簿有不正当目的，可能损害公司合法利益的，可以拒绝提供查阅，并应当自股东提出书面请求之日起十五日内书面答复股东并说明理由。公司拒绝提供查阅的，股东可以请求人民法院要求公司提供查阅。"根据上述法律规定，股东享有知情权的前提是具备股东的身份，而非持股多少或者要参与公司经营。因此，只要其具备公司的股东身份，无论其持股比例多少、是否出资到位，均有按照法定方式知悉公司相关信息的权利。

二、股东抽逃出资与股东借款的司法认定

【关键词】 抽逃出资 借款

【裁判规则】

> 公司向股东转账是否构成向公司借款，要重点审查转账行为是否符合有关金融管理、财务制度等规定，综合考虑利息、担保、还款期限、程序等因素认定。如公司向股东的转账不符合财务制度也不符合借款的基本特征，可以认定为抽逃出资。

【基本事实】

宋某某与某公司、某担保公司民间借贷、保证合同纠纷一案，一审法院于 2016 年 8 月 18 日作出 (2013) 大民初字第 87×× 号民事判决书，判决某公司偿还宋某某借款本金及逾期利息，某担保公司对上述债务承担连带清偿责任，在承担清偿责任后，某担保公司有权向某公司追偿。在执行过程中，宋某某申请一审法院追加财务管理中心为被执行人。一审法院于 2018 年 4 月 13 日作出 (2018) 京 0115 执异×× 号裁定书，裁定追加财务管理中心为被执行人；财务管理中心在未依法出资的 9500 万元范围内对宋某某承担责任。财务管理中心对该裁定不服，向一审法院提起执行异议之诉。

2004 年 3 月 29 日，某担保公司成立，股东为财务管理中心和某会计学会。2007 年 9 月 27 日，某担保公司根据股东会决议和章程修正案的规定，增加注册资本 1.3 亿元，变更后的注册资本为 3 亿元。变更后，其中财务管理中心认缴 2.95 亿元，出资比例为 98.33%；某会计学会认缴 500 万元，出资比例为 1.67%。

2006 年 4 月至 2007 年 5 月，某担保公司共计向财政局资金科借款 9500 万元。2007 年 9 月 27 日，因财务管理中心向某担保公司增加注册资金 1.3 亿

元，财务管理中心向财政局资金科申请拨款 1.3 亿元。同日，财政局资金科向财务管理中心转账 1.3 亿元，财务管理中心向某担保公司汇入增资款 1.3 亿元。2007 年 9 月 27 日，某担保公司向财政局资金科转账 9500 万元。

2007 年 9 月 28 日，天津市某有限责任会计师事务所出具××内验字〔2007〕第 0088 号验资报告，载明：某担保公司申请增加注册资本 1.3 亿元，由财务管理中心缴足，变更后的注册资本为 3 亿元，截至 2007 年 9 月 27 日，某担保公司已收到财务管理中心新增注册资本 1.3 亿元。

【观点分歧】

对于涉案的 9500 万元，财务管理中心是否构成抽逃出资？

【裁判理由】

北京市大兴区人民法院一审判决认为：

从注册登记上来看，财务管理中心和财政局资金科虽为不同主体，但两者的注册地址相同，法定代表人为同一人李××。两者形式上是独立的主体，但实质上存在人员和职能交叉混同的情形。2007 年 9 月 27 日，财务管理中心作为某担保公司的股东，向某担保公司汇入增资款 1.3 亿元。同日，某担保公司向财政局资金科转账 9500 万元，财政局资金科向财务管理中心转账 1.3 亿元。财务管理中心主张该 9500 万元系某担保公司偿还财政局资金科自 2006 年 4 月 12 日至 2007 年 5 月 17 日的累计借款，与财务管理中心无关。但因财政局资金科与财务管理中心人员和职能交叉混同，且存在关联关系，一审法院对财务中心主张该 9500 万元系其偿还财政局资金科借款的事实不予认可。〔2007〕第 0088 号验资报告载明某担保公司已于 2007 年 9 月 27 日收到财务管理中心增资款 1.3 亿元，该验资报告只能证明财务管理中心于 2007 年 9 月 27 日将 1.3 亿元的增资款到位，但并不能确认某担保公司收到增资款之后财务管理中心存在抽逃出资行为。

因此，财务管理中心于 2007 年 9 月 27 日汇入某担保公司的 1.3 亿元增资款，其中 9500 万元当日即由某担保公司转入财政局资金科后再转入财务管理中心。财务管理中心作为原股东对增资款并未完全依法出资，一审法院认定财务管理中心对 1.3 亿元增资款中的 9500 万元存在未依法出资的行为，应当追加财务管理中心为被执行人，在 9500 万元未依法出资的范围内承担责任。判决驳回财务管理中心的诉讼请求。

财务管理中心不服一审判决，向北京市第二中级人民法院提起上诉。

北京市第二中级人民法院二审判决认为：

本案的争议焦点为，财务管理中心是否因违反出资义务而需就某担保公司的债务承担相应清偿责任。公司违反出资义务可表现为拒绝出资、不能出资、虚假出资、抽逃出资、迟延履行、瑕疵出资等诸多形态。本案中，财务管理中心于 2007 年 9 月 27 日向某担保公司转账给付 1.3 亿元，某担保公司据此增加注册资本 1.3 亿元并完成验资及工商变更登记。由此可知，财务管理中心确在 2007 年 9 月 27 日实际履行出资义务，故本案不符合拒绝出资、不能出资、虚假出资等自始不履行或不完全履行出资义务的情形。从外观而言，本案应依据《最高人民法院关于适用〈中华人民共和国公司法〉若干问题的规定（三）》（2014 年）第十二条①"公司成立后，公司、股东或者公司债权人以相关股东的行为符合下列情形之一且损害公司权益为由，请求认定该股东抽逃出资的，人民法院应予支持：（一）制作虚假财务会计报表虚增利润进行分配；（二）通过虚构债权债务关系将其出资转出；（三）利用关联交易将出资转出；（四）其他未经法定程序将出资抽回的行为"的规定，判断财务管理中心是否存在抽逃出资行为。本院结合案情分析如下：

一、财务管理中心是否符合抽逃出资的形式要件？首先，抽逃出资是指公司成立后，股东非经法定程序从公司抽回出资，同时继续持有公司股份的

---

① 此处法条与《最高人民法院关于适用〈中华人民共和国公司法〉若干问题的规定（三）》（2020 年修正）条文的序号和内容无变化。

行为，其具体表现为将出资款转入公司账户验资后又转出。根据已查明事实，2007 年 9 月 27 日某担保公司先向财政局资金科转账 9500 万元，后财政局资金科向财务管理中心拨款 1.3 亿元，财务管理中心再将该 1.3 亿元转入某担保公司验资账户。本案资金流向的先后顺序与抽逃出资有所不同。此外，财政局资金科与财务管理中心虽有相同法定代表人及住所地，但根据财务管理中心二审提交的证据可知，二者分别为拥有共同上级的行政机关、事业单位，故管理人员、所在办公大楼相同符合情理，在此情况下，应结合二者财务混同情况认定二者人格是否混同。根据现有证据看，二者不存在诸如账簿、账户、财产混同等财务混同情况，故不宜将某担保公司向财政局资金科转账9500 万元直接等同于某担保公司向财务管理中心转账 9500 万元。综上，本案与抽逃出资的典型表现形式有所不同。

二、财务管理中心是否符合抽逃出资的实质要件？首先，抽逃出资本质上是股东利用其特有资格攫取公司财产，故其认定关键是公司在转出款项时是否收到了合理对价。财务管理中心主张某担保公司转给财政局资金科的9500 万元系偿还借款。为此，当事人向法院提交了 2006 年 4 月 12 日至 2007年 5 月 17 日期间的借款申请及银行转账记录，证明在 1.3 亿元增资发生之前，财政局资金科与某担保公司存在 9500 万元的真实借贷关系。2007 年 9 月27 日某担保公司向财政局资金科所转款项，在金额大小、资金流向上与在先债务相互对应，故应认定 9500 万元款项的转出存在合理对价。其次，由《最高人民法院关于适用〈中华人民共和国公司法〉若干问题的规定（三）》（2014 年）第十二条①的规定可知，抽逃出资应符合"损害公司权益"的实质要件。抽逃出资行为非法减少了公司资产，降低了公司偿债能力，不仅损害公司及其他股东权益，亦损害公司债权人利益。而本案中，如前所述，财

---

① 此处法条与《最高人民法院关于适用〈中华人民共和国公司法〉若干问题的规定（三）》（2020 年修正）条文的序号和内容无变化。

政局资金科对某担保公司享有债权在先，财务管理中心向某担保公司增加注册资金在后，还债及增资过程中，财务管理中心并未从某担保公司处取得任何财产，亦未减弱某担保公司的偿债能力，同时，某担保公司的对外负债有所减少。故本案不存在损害某担保公司或其债权人权益的情形。

综上所述，本案不符合抽逃出资的认定标准，财务管理中心的上诉请求成立，二审判决撤销北京市大兴区人民法院一审民事判决，不予追加财务管理中心为被执行人。

【法官评析】

股东是公司存在的基础，是公司治理结构的核心。出资是股东对公司的基本义务，是公司独立法律人格的基础，是公司对外交易和独立承担责任的根据，也是公司对债权人享有债权的"总担保"。为保证公司资本的确定、充足、不变，进而保护公司利益和债权人的利益，股东必须如实依法足额出资，不得抽逃出资，否则，将承担相应的法律责任。抽逃出资的股东有补足出资的法定义务，该义务不能因股权转让而免除。受让股东如果明知或应知出让股东抽逃出资，仍然接受转让的，应与原股东在抽逃出资范围内对公司债权人的债权承担连带责任。限于篇幅，本文对股东责任的讨论限于抽逃出资的情形。

一、抽逃出资的责任主体

公司法规定了股东需在特定情形下，对公司的债务承担连带责任或补充赔偿责任，但对于"股东"内涵和外延的确定在实践中却有不同认识。笔者梳理了一下，主要有三种观点：一是将"股东"宽泛地解释为可以操纵、控制公司的人，包括但不限于实际控制人。二是现存的登记股东，即原告起诉时，仍具有实际股东身份的人。三是所有具有股东身份的人，包括将股权转让后的原股东。笔者认为，第一种观点打击面过宽，根据《中华人民共和国公司法》（2018 年）第二百一十六条的规定，实际控制人指虽不是公司股东，但通过投资关系、协议或者其他安排，能够实际支配公司行为的人，如果将股东责任扩大到实际控制人将突破现有的公司法框架，也将挑战公司法的基本理论和原则。第二种观点打击面过窄，比如出资不实的股东将股权转让给新股东，按照这种观点老股东将不再承担责任，这将与《公司法解释三》（2020年）第十八条的规定相悖，该条规定了新旧股东应对出资不实的行为承担连带责任的情形。笔者同意第三种观点，但在认定责任时须加以必要的限制。对于起诉时不具有股东身份的人，重点考量不当行为发生时其是否具有股东身份，对于登记的股东包括新受让股权的股东重点考量其是否存在不当行为或者对原股东的不当行为明知、应知或者提供帮助。如果现存登记的股东不存在不当行为或者对原股东的不当行为不存在明知、应知或者提供帮助情形的，应该不承担责任。

二、抽逃出资与股东借款的司法认定

抽逃出资，是指公司的发起人、股东在公司验资成立后，抽逃其出资，但保留股东身份和原有出资数额的行为。主观上有"抽逃出资"的故意，客观上有违反公司法的规定，在公司验资成立后又抽逃出资的行为。按照《公司法解释三》（2020年）第十二条的规定，抽逃出资的形式主要有：（一）制作虚假财务会计报表虚增利润进行分配；（二）通过虚构债权债务关系将其出资转出；（三）利用关联交易将出资转出；（四）其他未经法定程序将出资抽回的行为。在司法实践中，抽逃出资的股东往往会以股东借款进行抗辩。实务中，股东是否构成向公司借款，要重点审查真实的债权债务关系且符合有关金融管理、财务制度等规定。具体区分二者关系时应重点考虑如下因素：（一）金额是否与股东出资金额相一致；（二）协议中是否约定利息；（三）是否约定偿还期限；（四）是否存在担保；（五）向股东借款的程序是否符合公司章程规定；（六）向股东借款是否加载于公司账册，会计处理方式是否符合法律规定；（七）行为发生时间是否在股东入资后较短时间内；（八）向股东借款内部流程是否符合公司财务制度；（九）出借对象是否为公司的大股东。实践中，是否构成抽逃出资或者股东借款，要综合考虑前述因素，通过完整的证据链条认定真实的意思表示。

三、抽逃出资应承担的责任及范围

股东未依法履行出资义务，包括股东未履行出资义务、未全面履行出资义务、抽逃出资。不论是瑕疵出资还是抽逃出资，本质上均是未对公司履行出资义务，违规减资可视为特殊情形的抽逃出资。债权人要求未依法履行出资义务的股东承担相应责任的直接法律依据是《公司法解释三》（2020年）第十三条第二款和第三款、第十四条。司法实践中，债权人依据《公司法解释三》（2020年）第十三条、第十四条的规定起诉债务人公司股东的案件，既有将案由确定为股东出资纠纷的，也有将案由确定为股东损害公司债权人利益责任纠纷的。应当说，股东未依法履行出资义务，既违反了公司法关于股东出资义务的规定，同时也违反了公司法关于股东不得滥用公司法人独立地位和股东有限责任损害公司债权人利益的规定，在此情况下，债权人向债务人公司的股东主张权利的法律依据既包括《公司法解释三》（2020年）第十三条、第十四条，也应当包括《中华人民共和国公司法》（2018年）第二十条第一款、第三款，即债权人的请求权存在竞合的情况。人民法院应当按照当事人自主选择行使的请求权，根据当事人诉争的法律关系的性质，确定相应的案由。因此，此类诉讼可根据原告起诉时的选择来确定案由为股东出资纠纷或者股东损害公司债权人利益责任纠纷。根据《公司法解释三》（2020年）的规定，公司、其他股东和公司债权人均有权向瑕疵出资或抽逃出资的股东提起诉讼，瑕疵出资或抽逃出资的股东因不同的事由承担不同的法律责任。债权人以其利益受到损害为由而起诉的，适用民事诉讼法及相关司法解释关于侵权纠纷管辖的一般规定，一般包括公司住所地。此外，债权人也可以在执行程序中依据《最高人民法院关于民事执行中变更、追加当事人若干问题的规定》的规定申请追加抽逃出资的股东为被执行人。

关于具体承担的责任范围。《公司法解释三》（2020年）第十四条第二款规定："公司债权人请求抽逃出资的股东在抽逃出资本息范围内对公司债务不能清偿的部分承担补充赔偿责任、协助抽逃出资的其他股东、董事、高级管理人员或者实际控制人对此承担连带责任的，人民法院应予支持；抽逃出资的股东已经承担上述责任，其他债权人提出相同请求的，人民法院不予支持。"据此，股东抽逃出资，公司或者其他股东提出请求其向公司返还出资本息、协助抽逃出资的其他股东、董事、高级管理人员或者实际控制人对此承担连带责任。在抽逃出资本息范围内对公司债务不能清偿的部分承担补充赔偿责任、协助抽逃出资的其他股东、董事、高级管理人员或者实际控制人对此承担连带责任的。股东抽逃出资后转移股权，原股东应继续承担出资不实的责任。抽逃出资的股东有补足出资的法定义务，该义务不能因股权转让而免除。受让股东如果明知或应知出让股东抽逃出资，仍然接受转让的，应与原股东在抽逃出资范围内对公司债权人的债权承担连带责任。

本案中，根据已查明事实，2007年9月27日某担保公司先向财政局资金科转账9500万元，后财政局资金科向财务管理中心拨款1.3亿元，财务管理中心再将该1.3亿元转入某担保公司验资账户，资金流向的先后顺序与抽逃出资有所不同。财政局资金科与财务管理中心虽有相同法定代表人及住所地，但二者不存在诸如账簿、账户、财产混同等财务混同情况，故不宜将某担保公司向财政局资金科转账9500万元直接等同于某担保公司向财务管理中心转账9500万元。此外，根据查明的事实，在1.3亿元增资发生之前，财政局资金科与某担保公司存在9500万元的真实借贷关系。2007年9月27日某担保公司向财政局资金科所转款项，在金额大小、资金流向上与在先债务相互对应。财政局资金科对某担保公司享有债权在先，财务管理中心向某担保公司增加注册资金在后，还债及增资过程中，财务管理中心并未从某担保公司处取得任何财产，亦未减弱某担保公司的偿债能力，本案中财务管理中心不符合抽逃出资的认定标准。

第二章　股东显名问题

三、实际出资人显名必须以名义股东仍具有股东资格为前提

【关键词】　隐名　代持　显名

【裁判规则】

> 实际出资人显名必须向当前仍具有股东资格的名义股东提出，不能向过去某个时间节点具有股东身份的人提出。实际出资人意图经法定程序成为公司过去某个时间节点的名义股东，实际上是对过去的既定事实进行改变，违反了科学基本原理，其诉讼请求不能支持。

【基本事实】

某公司设立于 1999 年 2 月 4 日，设立时名称为北京某医药有限公司，注册资本 200 万元，登记的股东出资情况如下：靳某出资 42 万元，高某某出资 37.5 万元，景某某出资 37.5 万元，耿某某出资 37.5 万元，曹某某出资 37.5 万元，靳某某出资 4 万元，陈某出资 4 万元。此后，某公司经过多次增资及股权转让，目前工商登记显示：某公司注册资本为 8000 万元，靳某、陈某均已不是公司股东。一审审理中，靳某持有陈某入资资金凭证（退交出资人存查联）原件，该凭证载明：出资人陈某，存入金额 4 万元，预先核准企业名称为北京京卫某医药有限公司，日期为 1999 年 1 月 15 日。对于上述证据，某公司认可其真实性，但不认可其证明目的，认为靳某交款的资金来源并非其本人，故其不是实际出资人。陈某对该证据的真实性及证明目的均予以认

可。后，各方发生争议，靳某向法院起诉请求确认某公司设立时第三人陈某所持有的该公司 2% 的股权属于靳某所有。

【观点分歧】

观点一：根据查明的事实靳某为某公司设立筹措了资金并代陈某交纳了入资款，且靳某与陈某之间存在隐名出资关系。陈某系登记的名义股东，其本人并未实际出资，不享有股东权利，相应的股权由靳某所有。

观点二：某公司设立时陈某持有 2% 股权，陈某此时已是公司法意义上的股东，诉讼时陈某已不是某公司股东，司法裁判不能对过去的既定事实进行改变。

【裁判理由】

北京市丰台区人民法院一审判决认为：

某公司设立时虽然登记的陈某持有该公司 2% 的股权，但依据靳某提交的入资资金凭证原件以及陈某的陈述内容，可以认定靳某为某公司设立筹措了资金并代陈某交纳了入资款，且靳某与陈某之间存在隐名出资关系。陈某系登记的名义股东，其本人并未实际出资，不享有股东权利，其在某公司设立时的 4 万元出资系靳某所出，相应的股权由靳某所有，故靳某的诉讼请求，于法有据，一审法院予以支持。某公司的答辩意见，缺乏事实和法律依据，一审法院不予采信。一审法院判决确认某公司设立时登记在第三人陈某名下的 2% 股权属于靳某所有。

某公司不服一审判决，向北京市第二中级人民法院提起上诉。

北京市第二中级人民法院二审判决认为：

《中华人民共和国公司法》（2013 年）第二十八条①规定："股东应当按期足额缴纳公司章程中规定的各自所认缴的出资额。股东以货币出资的，应当将货币出资足额存入有限责任公司在银行开设的账户；以非货币财产出资

---

① 《中华人民共和国公司法》已于 2018 年修改，下同。

的，应当依法办理其财产权的转移手续。股东不按照前款规定缴纳出资的，除应当向公司足额缴纳外，还应当向已按期足额缴纳出资的股东承担违约责任。"第二十九条规定："股东认足公司章程规定的出资后，由全体股东指定的代表或者共同委托的代理人向公司登记机关报送公司登记申请书、公司章程等文件，申请设立登记。"第三十二条第一款、第二款规定："有限责任公司应当置备股东名册，记载下列事项：（一）股东的姓名或者名称及住所；（二）股东的出资额；（三）出资证明书编号。记载于股东名册的股东，可以依股东名册主张行使股东权利。"根据前述规定，股东取得股东资格和股东权利，须符合两个要件，即实质要件和形式要件，实质要件是以出资为取得股东资格的必要条件，形式要件是对股东出资的记载和证明，是实质要件的外在表现。本案中，对于陈某名下的2%股权，出资证明书、章程、股东名册、工商登记等材料上记载的股东都是陈某。因此，陈某才具有某公司设立时登记在陈某名下2%股权的公司法意义上的股东资格。

此外，《最高人民法院关于适用〈中华人民共和国公司法〉若干问题的规定（三）》（2014年修正）第二十四条①规定："有限责任公司的实际出资人与名义出资人订立合同，约定由实际出资人出资并享有投资权益，以名义出资人为名义股东，实际出资人与名义股东对该合同效力发生争议的，如无合同法第五十二条规定的情形，人民法院应当认定该合同有效。前款规定的实际出资人与名义股东因投资权益的归属发生争议，实际出资人以其实际履行了出资义务为由向名义股东主张权利的，人民法院应予支持。名义股东以公司股东名册记载、公司登记机关登记为由否认实际出资人权利的，人民法院不予支持。实际出资人未经公司其他股东半数以上同意，请求公司变更股东、签发出资证明书、记载于股东名册、记载于公司章程并办理公司登记机

---

① 《最高人民法院关于适用〈中华人民共和国公司法〉若干问题的规定（三）》已于2020年修改，下同。

关登记的，人民法院不予支持。"该条明确了实际出资人和名义股东之间基于合同关系而产生的权利义务，如果实际出资人意图成为股东，必须经法定的程序。如果实际出资人意图经法定程序成为公司的股东，实际上是对公司当前股东现状的改变。时间不可逆，我们仅能通过自己的行为改变当前事物的状态，而不能对过去的既定事实进行改变。正如前文所述，某公司设立时陈某持有 2% 股权，陈某此时已是公司法意义上的股东，这成为既定的事实。因此，靳某要求确认某公司设立时第三人陈某所持有的该公司 2% 的股权属于靳某所有，实际上是意图变更既定的事实，违反了基本科学原理。根据查明的事实，陈某现在已经不是某公司的股东，即使双方存在代持关系，靳某也不能通过显名化的途径代替陈某成为某公司对应股份的股东。靳某与陈某之间如存在其他民事法律关系，可另行主张。靳某请求确认某公司设立时第三人陈某所持有的该公司 2% 的股权属于其所有的诉讼请求，没有事实和法律依据。判决撤销一审判决；驳回靳某的诉讼请求。

【法官评析】

股东出资是构成公司财产的基础来源，从一般意义上讲，股东出资是获得股东资格的必要条件，一般情况下股东向公司完成出资，经公司记载于股东名册即具有了股东资格。实践中，个别出资者为规避法律而采取隐名方式，如隐名系为规避法律的规定或者碍于其公务员身份而由他人顶名出资。我们将这种在公司章程、股东名册和工商登记中都不记载自己为股东的实际出资人称为"隐名股东"；没有出资但记载于公司章程、股东名册和工商登记的人称为"名义股东"。现实中，有些公司实际出资人出资的时候隐名，后来又要求显名，如何解决是司法实践中认定的难点。

一、隐名股东显名的条件

《公司法解释三》（2020 年）第二十四条第三款就实际出资人要求显名的主张，规定"实际出资人未经公司其他股东半数以上同意，请求公司变更股东、签发出资证明书、记载于股东名册、记载于公司章程并办理公司登记机关登记的，人民法院不予支持"。该条规定对保障有限公司的人合性具有重要意义。违反禁止性规定的隐名出资人要求确认股东资格的，一般不应得到支持。但如果作为隐名股东的实质出资人一直以股东身份享有并行使股东权利，基于尊重意思自治和维护公司团体稳定性的原则，可以对其股东资格予以确认。但在不违反法律、法规禁止性规定的前提下，确认隐名股东的股东资格尚需符合一定条件。首先，隐名股东以成立公司为目的实际出资。没有出资即丧失要求显名的基础，另外，隐名股东的出资目的是成立新的公司，如果仅提供了资金，但没有成立公司之目的，其出资只是基于借贷关系，该出资人就不能要求成为公司的股东，当然也不能被确认为公司的股东。本案中，对于陈某名下的 2% 股权，出资证明书、章程、股东名册、工商登记等材料上记载的股东都是陈某。因此，陈某才具有某公司设立时登记在陈某名下 2% 股权的公司法意义上的股东资格。其次，隐名股东和名义股东之间存在合法有效的代持关系。实践中，隐名股东往往不能证明存在代持关系而面临败诉的风险。再次，必须经其他股东过半数同意。对于有限责任公司而言，具有人合性，股东之间成立公司在一定程度上是基于彼此的信任。如果其他股东不同意与之共同出资成立新公司，则隐名股东就不能被显名，也不能被确认为公司股东。最后，隐名股东以股东身份行使了股东权利。隐名股东行使股东权利，公司及其他股东明知其实质的股东身份，在此形势下，隐名股东方可显名。

二、隐名股东要求显名的诉讼过程中征询其他股东的意见的司法认定

对《公司法解释三》（2020 年）第二十四条第三款规定适用时，不能机械地简单理解为必须限定在诉讼中征得其他股东同意，而是应以公司经营期间其他股东是否认可作为审查基础，来把握实际出资人要求显名的法律要件。法院应当依据当事人双方所提供的证据（如股东会决议、股东名册等记载证明其他股东半数以上已同意的证明文件），来审查该要件事实成立与否。在诉讼程序中，法院作为中立的裁判者，对是否"经公司其他股东半数以上同意"事实进行审查认定，但不是替代实际出资人去征询其他股东意见。换言之，法院是对公司内部就实际出资人显名合意事实予以审查后确认，而不能通过诉讼程序去否定或创设这种合意。实践中有以下两种情形：第一种情形，若当事人提供充分证据证明其他股东半数以上同意的事实，法院即可认定该项要件事实成立，除非公司内部股东产生新的符合法律规定的合意事实；第二种情形，若其他半数以上股东在诉讼前不知情或者认可与否意愿不明，法院亦不应主动征询其他股东意见，而是应当通过释明，要求当事人双方提供有关其他股东明确意愿的证明材料，以查明其他股东现时意愿。《全国法院民商事审判工作会议纪要》第二十八条对"经公司其他股东半数以上同意"的情形，扩大为明示同意和默示同意两种情形。其认为实际出资人能够提供证据证明有限公司过半数的其他股东知道实际出资的事实，且对其实际行使股东权利未曾提出异议的，对实际出资人提出的登记为公司股东的请求，人民法院依法予以支持。

三、隐名股东显名必须以名义股东在诉讼中仍具有股东资格为前提

《公司法解释三》（2020年）第二十四条明确了实际出资人和名义股东之间基于合同关系而产生的权利义务，如果实际出资人意图成为股东，必须经法定的程序。如果实际出资人意图经法定程序成为公司的股东，实际上是对公司当前股东状况的改变。时间不可逆，我们仅能通过自己的行为改变当前事物的状态，而不能对过去的既定事实进行改变。

本案中，某公司设立时陈某持有2%股权，陈某此时已是公司法意义上的股东，这成为既定的事实。因此，靳某要求确认某公司设立时第三人陈某所持有的该公司2%的股权属于靳某所有，实际上是意图变更既定的事实，违反了基本科学原理。根据查明的事实，陈某现在已经不是某公司的股东，即使双方存在代持关系，靳某也不能通过显名化的途径代替陈某成为某公司对应股份的股东。靳某与陈某之间如存在其他民事法律关系，可另行主张。

四、公司股东申请变更登记应以股东身份确定为前提

【关键词】 变更登记 股权转让

【裁判规则】

> 请求变更公司登记纠纷与股东资格确认纠纷、股权转让合同纠纷为不同的法律关系，涉及不同的法律主体。在公司变更登记纠纷中如果对股东资格存在争议且不宜在一案中审理的应先行解决股东之间的纠纷，只有在股东之间纠纷解决后，已经具备变更条件时，公司仍拒绝变更的情况下，才能提出申请公司变更登记纠纷。

【基本事实】

2012年，余某某（甲方）、王某某（乙方）、刘某某（丙方）、刘某庆（丁方）、余某（戊方）签订了《扩股协议书》，该协议书主要约定：甲方、戊方同意吸收乙方、丙方、丁方为公司股东，并对各自持有的股份进行调整……经各方友好协商，达成协议如下：1. 鉴于本项目前期工作主要由戊方全职负责、在乙方和丙方协助下完成，经甲方、戊方协商，甲方同意在前期实际投资不变的情况下，将甲方持有的科技公司股权份额从60%调整为45%，将戊方持有的科技公司股权份额从40%调整为48%。2. 鉴于乙方、丙方前期已经实质性参与了本项目并为本项目作出了实质性贡献，甲方、戊方同意乙方、丙方各自出资50万元购买科技公司2.5%的股权。该100万元以刘某某名义开户，优先用于本项目的经营所需。3. 甲方、戊方同意丁方出资50万元购买科技公司2%股权。该50万元以刘某某名义开户，优先用于本项目经营所需……5. 自本协议生效之日起30日内，由科技公司办理股东及公司章程工商变更登记手续，为登记简便，按照股权转让的方式办理……7. 本协议自

协议各方签字之日生效。

2012 年 2 月 23 日，刘某庆将 389000 元转账汇款至刘某某的账户。刘某庆述称，经各方同意，其先行将 10 万元转账至江某账户，用于购买外汇兑换券，另有 11000 元现金存入刘某某账户。同日，王某某将 45 万元经转账汇款至刘某某的前述账户。王某某述称，其余 5 万元经各方同意，作为加班费和补助直接发放给了研发人员。刘某某将 50 万元由其名下的其他账户转账汇款至前述刘某某的账户。科技公司认可三人的付款及相关陈述，并述称除外汇兑换券被余某某拿走，其余款项均用于公司经营。

2012 年 8 月 11 日，科技公司召开临时股东会，作出了股东会决议。与会股东签字处有余某、王某某、刘某某、刘某庆、余某某的签名。2012 年 8 月，科技公司向西城工商局提交了将公司股东变更为余某某、余某、王某某、刘某某、刘某庆的申请材料，包括：指定（委托）书、2012 年股东会决议、章程修正案、股权转让协议。同日，该局作出准予设立（变更、注销、撤销变更）登记（备案）的决定。后，余某某认为西城区工商局依据非余某某签名的股东会决议、股权转让协议办理变更登记，缺乏事实依据，已构成错误的行政登记行为，请求法院撤销变更登记。生效判决撤销了相应的变更登记。

【观点分歧】

在股东之间对股权是否转让、受让人是否具有股东资格存在争议的前提下，当事人能否直接提起请求公司变更登记之诉，实践中存在三种观点。

观点一：应该一并处理，由于请求变更公司登记纠纷的案件争议焦点一般包括股权转让协议的效力，为避免当事人诉累、浪费司法资源，在同一案件当中一并处理为好。

观点二：分开处理，案由规定明确规定了请求变更公司登记纠纷与公司决议效力纠纷、股权转让纠纷为并列的案由，应在不同的案由之下审理各自的纠纷，故当事人应当另行起诉，请求变更公司登记案件中止审理，待效力纠纷解决后再恢复审理。

观点三：区别对待，根据股权转让纠纷案件的复杂程度，灵活处理。例如，如果涉及案外人的人数众多，因为履行情况不明，申请变更公司登记的依据尚不充足，可以先行判决驳回当事人的诉讼请求；反之，可以将案由并列、一并审理，并按照诉讼标的收取相应的诉讼费用。

【裁判理由】

北京市西城区人民法院一审判决认为：

首先，《扩股协议书》条款虽未使用"出让人向受让人转让股权"的文字，但根据其文义可见，余某某股权份额下降的比例与王某某、刘某某、刘某庆所获得的股权份额比例及余某增加的份额比例之和具有对应关系，且股权份额乃王某某、刘某某、刘某庆出资购买所得，并按照股权转让办理。协议书约定王某某、刘某某、刘某庆支付的款项存入以刘某某名义开立的账户并用于支付科技公司运营的项目，亦应认定为买受人履行股权转让对价支付义务的约定。因此，该份协议在余某某与王某某、刘某某、刘某庆之间设立了股权转让法律关系。

其次，王某某、刘某某、刘某庆已经根据协议书的约定将款项打入刘某某名下的账户，且科技公司认可其对账户内该部分价款享有了相应权益，则受让人已经履行了股权转让的对价支付义务，应当继受取得余某某在科技公司的相应股权份额。此外，《科技公司2012年临时股东会决议》中，刘某某、刘某庆、王某某与余某某、余某共同作为股东作出决议并签字确认，系其行使股东权利的表现。王某某、刘某某、刘某庆支付对价从余某某处分别继受取得科技公司的股权，科技公司应当办理相应的登记。判决科技公司在判决生效后十日内向公司登记机关办理将余某某所持科技公司7%（出资额35万元）的股权分别变更至王某某名下2.5%（出资额125000元）、刘某某名下2.5%（出资额125000元）、刘某庆名下2%（出资额10万元）的登记。

余某某不服一审法院判决，向北京市第二中级人民法院提起上诉。

北京市第二中级人民法院二审判决认为：

首先，当事人向公司请求变更登记的前提是依法履行出资义务或者依法继受取得股权之后。就本案来讲，王某某、刘某某、刘某庆应举证证明已经合法取得了股权，具备了办理股东变更登记的条件而科技公司拒绝到工商部门办理变更手续。根据查明的事实，余某某对与王某某、刘某某、刘某庆之间是否具有股权转让关系以及王某某、刘某某、刘某庆是否具有股东资格存在异议。

其次，根据查明的事实，科技公司已经到工商部门办理了变更登记手续，后该变更登记被法院判决撤销。生效判决认为，经鉴定，指定委托书、股东会决议、章程修正案、股权转让协议中"余某某"的签名并非由余某某本人所签。因此，科技公司并没有拒绝办理变更手续，而是办理后被撤销。此外，《扩股协议书》第五条约定"自本协议生效之日起30日内，由科技公司办理股东及公司章程工商变更登记手续，为登记简便，按照股权转让的方式办理"。故，当事人之间能否签订股权转让协议属于当事人意思自治的范畴，公司股东是否做出股东会决议、是否修改章程，属于公司自治范畴。

王某某、刘某某、刘某庆在没有举证充分证明已经具备了办理股东变更登记的条件而科技公司拒绝变更的情况下，其诉讼请求不应得到支持。王某某、刘某某、刘某庆与余某某之间如有争议，可另行解决。二审判决撤销北京市西城区人民法院一审判决；驳回王某某、刘某某、刘某庆的诉讼请求。

【法官评析】

公司股东资格的取得和工商变更登记的关系问题在几年前存在一定的争议，目前的主流观点是工商登记不是股权获得的必要条件。股东资格的认定要结合出资情况、股权转让合同、公司章程、股东名册、出资证明书、工商登记等证据综合考虑。① 实践中，股权转让纠纷、股东资格确认纠纷和请求公司变更登记纠纷，都会涉及公司股权的认定，对于股东资格的取得和请求公司变更登记纠纷之间的内在关系，现实中争议很大，实践中做法也不尽相同。有的法院把股权转让纠纷和变更登记纠纷放在同一个案由中处理，有的分开处理。笔者认为，这三类案件中，股东和公司的诉讼地位以及股东之间的诉讼地位都会由于原告的不同诉讼请求而有较大的区别，应有先后顺序，分开处理为宜。理由如下：股权的获得和股权变更登记如同火车的头尾。股权变更登记是以"股东变动"为条件的，而股东变动显然是以股权发生转移为基础的。在逻辑上应是股东资格获得在先，工商登记变更在后。

《最高人民法院关于适用〈中华人民共和国公司法〉若干问题的规定（三）》（2014 年）第二十三条②规定："当事人依法履行出资义务或者依法继受取得股权后，公司未根据公司法第三十一条、第三十二条的规定签发出资证明书、记载于股东名册并办理公司登记机关登记，当事人请求公司履行上述义务的，人民法院应予支持。"《中华人民共和国公司登记管理条例》③第三十四条第一款规定："有限责任公司变更股东的，应当自股东变动之日起30 日内申请变更登记，并提交新股东的法人资格证明或自然人的身份证明。"通过以上的法律规定，笔者认为，当事人向公司请求变更登记的前提应是依法履行出资义务或者依法继受取得股权后；随后，阐述了请求公司变更登记的另一要件是公司拒绝变更。

本案的特殊性在于公司没有拒绝变更登记，是公司申请变更登记后，法

---

① 《全国法院民商事审判工作会议纪要》第八条规定："当事人之间转让有限责任公司股权，受让人以其姓名或者名称已记载于股东名册为由主张其已经取得股权的，人民法院依法予以支持，但法律、行政法规规定应当办理批准手续生效的股权转让除外。未向公司登记机关办理股权变更登记的，不得对抗善意相对人。"

② 《最高人民法院关于适用〈中华人民共和国公司法〉若干问题的规定（三）》已于2020 年修改，下同。

③ 根据《中华人民共和国市场主体登记管理条例》，该条例现已失效，下同。

院行政判决撤销了变更登记。在股东之间对股权是否转让、受让人是否具有股东资格存在争议的前提下，当事人能否直接提起请求公司变更登记之诉，是本案的最大审理难点。本案实际上确立了股权纠纷和变更登记纠纷的内在前后关系，如果股东间存在纠纷的应先行解决股东之间的纠纷，只有在股东之间纠纷已经解决，且具备变更条件时，公司仍拒绝变更的情况下，才能提出申请公司变更登记纠纷。这样在法理上，才能实现两造相抗的局面，也不会发生像本案原被告之间没有对抗，原告和第三人之间才有实质对抗的情形；同时较好地协调了股东资格认定和请求公司变更登记之间的关系。

第三章　公司人格否认问题

五、公司与股东人格混同的司法认定

【关键词】 人格混同　审计报告

【裁判规则】

> 　　否认公司独立人格是股东有限责任的例外情形，在司法实践中应严格把握。具备资质的审计机构作出的能够证明股东与公司之间的财产相互独立前提下，尽管两公司法定代表人相同、实际经营地相同、诉讼中委托的代理人相同，但据此亦不足以认定两公司人格混同。

【基本事实】

　　2014 年 5 月 12 日，某电缆公司（乙方）与某建设公司（甲方）订立《抵房协议》1 份，约定的主要内容为：截至本协议签订之日，甲方尚欠乙方货款 2862244.13 元；甲方同意除欠款本金外，向乙方补偿欠款利息 37918.07 元，乙方同意放弃追究甲方的违约责任，不再另行主张其他经济权利；甲方以其拥有的住宅楼出售给乙方（见明细），以上三套房产总价 2860162.20 元，该总价与本协议欠款差额 2081.93 元，以及补偿欠款利息 37918.07 元，合计 4 万元，甲方于 3 日内支付；甲方承诺在两个月内办理过户手续，否则直接支付相应金额的货款。1999 年 3 月 17 日，某建设公司成立，投资人为中建某公司，公司类型为有限责任公司。中建某公司成立于 1953 年 3 月 1 日，公司类型为有限责任公司。某电缆公司向法院提交《公证书》2 份，其中：第

1172号《公证书》内容为某建设公司网页，证明某建设公司与中建某公司的办公地址相同，程某某在担任中建某公司副总经理的同时也担任某建设公司法定代表人、董事长。某建设公司二审向法院提供《审计报告》，证明某建设公司、中建某公司均系独立法人，会计师事务所对两公司2015年度财务状况分别进行了审计，两公司经营管理并不混同。

【观点分歧】

某建设公司（甲方）与中建某公司是否构成人格混同？

【裁判理由】

北京市东城区人民法院一审判决认为：

某电缆公司与某建设公司订立的《抵房协议》，不违反国家法律规定，合法有效。某建设公司未依约办理有关房产过户手续，已构成违约，应承担相应民事责任，故某电缆公司要求其支付货款及利息的请求，法院予以支持。关于其要求中建某公司承担连带清偿责任的请求，因中建某公司系独立法人单位，现有证据不能判断其财产与公司财产混同，故此请求无事实依据，法院不予支持。一审判决自判决生效之日起十五日内，中建某公司给付某电缆有限公司2900162.2元并按中国人民银行同期贷款利率1.3倍支付上述款项自2014年7月13日起至判决确认给付日止的利息；驳回某电缆公司其他诉讼请求。

某电缆公司不服一审法院上述民事判决，向北京市第二中级人民法院提起上诉。

北京市第二中级人民法院二审判决认为：

《中华人民共和国公司法》（2013年）第二十条第三款规定："公司股东滥用公司法人独立地位和股东有限责任，逃避债务，严重损害公司债权人利益的，应当对公司债务承担连带责任"，第六十三条规定："一人有限责任公司的股东不能证明公司财产独立于股东自己的财产的，应当对公司债务承担连带责任。"根据上述规定，公司法项下的公司法人人格否认制度以"公司股东滥用公司法人独立地位和股东有限责任，逃避债务，严重损害公司债权人利益"为前提，仅在该情况下，有限责任公司股东须对公司债务承担连带责任，但为保护一人公司债权人利益，公司法对一人公司作出法人人格否认推定，只要"股东不能证明公司财产独立于股东自己的财产"，即须对公司债务承担连带责任。因此，债权人主张一人公司股东对公司债务承担连带责任的，一人公司股东须举证证明自己的财产独立于公司财产，而无须由债权人举证证明一人公司股东财产与公司财产混同，或者股东滥用公司法人独立地位和股东有限责任，逃避债务，严重损害公司债权人利益，一审法院判决对举证责任分配不当，二审法院予以纠正。

某建设公司、中建某公司在二审审理过程中分别提交会计师事务所审计后出具的 2015 年度《审计报告》，上述《审计报告》虽基于两公司提供的财务资料，但系具备资质的审计机构作出，其内容亦能证明某建设公司财产与中建某公司财产相互独立。某电缆公司上诉主张某建设公司、中建某公司存在人员混同情形，但其提交的现有证据仅能证明某建设公司董事长、法定代表人程某某同时担任中建某公司副总经理，两公司在参加诉讼时亦曾委托同一代理人，尚不足以证明两公司人员混同。某电缆公司上诉主张某建设公司、中建某公司实际经营地相同，但据此亦不足以认定两公司法人人格混同。故对其请求中建某公司对某建设公司欠付某电缆公司的债务承担连带责任的上诉请求，法院不予支持。二审判决驳回上诉，维持原判。

【法官评析】

公司人格独立和股东有限责任是公司法的基本原则。有限责任公司的股东以其认缴的出资额为限对公司债务承担有限责任，而公司则以其全部财产对公司的债务承担责任，此为公司法律制度的基石。通常情况下，有限责任公司的股东对公司的债务不承担连带责任。为兼顾对债权人利益的保护，公司法规定了在特殊情况下，特别是人格混同的情况下，公司股东需要对公司的债务承担连带责任。否认公司独立人格，由滥用公司法人独立地位和股东有限责任的股东对公司债务承担连带责任，是股东有限责任的例外情形，旨在矫正有限责任制度在特定法律事实发生时对债权人保护的失衡现象。在个案中，要否定公司独立人格，要求股东对公司债务承担连带责任，公司股东需存在滥用公司法人独立地位和股东有限责任、逃避债务、严重损害公司债权人利益的行为。

一、公司人格否认的适度适用

按照公司法的基本原理，股东将出资转移到公司名下后，相应的财产就转化为公司的财产，公司拥有独立的法人财产权。股东一旦滥用法人独立地位，破坏了公司的独立人格，将承担相应的民事责任。《中华人民共和国公司法》（2018年）第二十条第一款和第三款对公司股东滥用公司法人独立地位和股东有限责任，应当对公司债权人承担相应责任的问题作出了原则性的规定。在公司设立、存续、变更、消灭的过程中，均可能出现股东违反法律、行政法规、公司章程，滥用公司法人独立地位和股东有限责任的情形，但《中华人民共和国公司法》（2018年）第二十条仅是原则性的规定，可操作性不强。司法实践中多是依据公司法关于股东权利和义务的规定，以及司法解释关于股东违反法定义务应当承担的责任的规定，认定股东因滥用公司法人独立地位和股东有限责任，而对公司债权人承担相应责任。从理论上讲，具体可以分为两种形式：一种是纵向混同，主要表现为财产混同、组织机构混同和业务混同；另一种是横向混同，主要表现为公司内部治理、上下结构存在混同。根据《全国法院民商事审判工作会议纪要》第十条、第十一条、第十二条的规定，公司丧失独立地位的情形有三种：一是人格混同，二是过度支配与控制，三是资本显著不足。

此外，根据《全国法院民商事审判工作会议纪要》的精神，公司人格独立和股东有限责任是公司法的基本原则。否认公司独立人格，由滥用公司法人独立地位和股东有限责任的股东对公司债务承担连带责任，是股东有限责任的例外情形，旨在矫正有限责任制度在特定法律事实发生时对债权人利益保护的失衡现象。在审判实践中，要准确把握《中华人民共和国公司法》（2018年）第二十条第三款规定的精神。一是只有在股东实施了滥用公司法人独立地位及股东有限责任的行为，且该行为严重损害了公司债权人利益的情况下，才能适用。损害债权人利益，主要是指股东滥用权利使公司财产不足以清偿公司债权人的债权。二是只有实施了滥用法人独立地位和股东有限责任行为的股东才对公司债务承担连带清偿责任，而其他股东不应承担此责任。三是公司人格否认不是全面、彻底、永久地否定公司的法人资格，而只是在具体案件中依据特定的法律事实、法律关系，突破股东对公司债务不承担责任的一般规则，例外地判令其承担连带责任。人民法院在个案中否认公司人格的判决的既判力仅仅约束该诉讼中的各方当事人，不当然适用于涉及该公司的其他诉讼，不影响公司独立法人资格的存续。如果其他债权人提起公司人格否认诉讼，已生效判决认定的事实可以作为证据使用。四是《中华人民共和国公司法》（2018年）第二十条第三款规定的滥用行为，实践中常见的情形有人格混同、过度支配与控制、资本显著不足等。在审理案件时，需要根据查明的案件事实进行综合判断，既审慎适用，又当用则用。

综上所述，人民法院要从严掌握法人人格否认制度的适用条件。在程序上，适用法人人格否认制度应当以当事人主张为前提，人民法院不得依职权主动适用。在实体上，须同时具备《中华人民共和国公司法》（2018年）第二十条所规定的主体要件、行为要件和结果要件，避免因滥用该制度而动摇法人人格独立原则的基石。此外，从法人人格否认制度的效果来说，判决对公司独立人格的否定是个案的否定，并非对公司独立人格彻底地、永久地否定。

二、如何认定债务人公司与股东人格混同

该问题涉及公司与股东人格混同的举证责任分配及证明标准问题。

（一）关于举证责任的分配问题。应适用一般的举证责任分配规则，除一人公司外，由提出公司法人人格否认诉求主张的当事人就公司股东具有滥用公司法人独立地位和股东有限责任的行为，甚或其主观故意提供初步证据。因充分证明股东有滥用公司法人独立人格和股东有限责任的行为以及有逃避债务的故意相对困难，可以考虑适当减轻公司债权人的举证责任，即只要公司债权人可以证明股东有出资不足或虚假，公司资本严重不足，财产、业务及人事混同，以及股东与公司之间存在大量交易行为即可。而进一步的证明责任应当转至公司股东。至于股东是否具有逃避债务之目的，即主观故意，则以债权人已经提供的上述行为来推断。当债权人的证明责任完成后，如果公司及股东不能够提出相反的证据证明股东不存在《中华人民共和国公司法》（2018 年）第二十条第三款所描述的情况，则有可能导致公司的法人人格被否认①。

（二）关于证明标准问题。股东与公司存在财产混同、业务混同、人事混同、住所混同情形的，可以认定股东与公司人格混同。最高人民法院公布的指导案例 15 号②，就关联公司之间人格混同的认定问题给出了参照标准，具体而言，认定混同的情形包括：（1）人员混同，主要表现在工作人员尤其是主要的业务人员、高级管理人员相同或者存在交叉任职的情况；（2）业务混同，主要表现在业务范围重合或者主要经营业务互有交叉；（3）财务混同，主要表现为资金混同（如共用相同的银行账号），财务管理不作清晰区分等。笔者认为，上述认定标准对于公司与股东之间法人人格否认具有参考意义，在股东损害公司债权人利益责任纠纷案件中，可以参考该指导案例所适用的认定标准，就公司与股东之间是否存在人员混同、业务混同、财务混同，足以导致公司与股东之间各自的财产无法区分，丧失独立人格的情形进

---

① 刘崇理：《全国部分法院公司法司法解释论证及审理公司纠纷案件工作经验交流会综述》，转自最高人民法院民事审判第二庭编：《公司案件审判指导》，法律出版社 2014 年版，第 55 页。

② 最高人民法院指导案例 15 号，载最高人民法院网站，http://www.court.gov.cn//shenpan-xiangqing-13321.html，最后访问时间：2022 年 12 月 26 日。

行审查，以对公司法人人格问题作出准确认定。

三、一人公司的特殊规定

一人有限责任公司只有一名股东，由于其独特的组建模式，相对其他公司更容易出现法人人格混同的问题，因此我国立法对一人有限责任公司一直持比较谨慎的态度，《中华人民共和国公司法》（2018 年）在第二章中单设一节，就一人有限责任公司的相关问题予以特别规定，其中第六十二条规定："一人有限责任公司应当在每一会计年度终了时编制财务会计报告，并经会计师事务所审计。"第六十三条规定："一人有限责任公司的股东不能证明公司财产独立于股东自己的财产的，应当对公司债务承担连带责任。"上述法律规定，强制要求一人有限责任公司应当在每一会计年度终了时编制财务会计报告并审计，并且明确了举证责任倒置规则，要求公司股东自证清白，对其自身的财产独立于公司财产的事实承担举证责任。因此，在股东损害公司债权人利益责任纠纷案件中，如果债务人公司是一人有限责任公司，应由债务人公司股东提供证据证明其财产独立于公司的财产，如果股东未提供证据证明或者提供的证据不足以证明上述事实，则股东应对公司的债务承担相应责任。

有观点认为，根据《中华人民共和国公司法》（2018 年）第三条第二款的规定，有限责任公司的股东以其认缴的出资额为限对公司承担责任。据此，公司法确立了有限责任公司的股东对公司承担有限责任的一般原则，但因一人有限责任公司的特殊性，《中华人民共和国公司法》（2018 年）设专节对一人有限责任公司作出特别规定，其中第六十三条规定："一人有限责任公司的股东不能证明公司财产独立于股东自己的财产的，应当对公司债务承担连带责任。"根据该规定并结合上述《中华人民共和国公司法》（2018 年）第六十三条的规定，一人有限责任公司的股东应当承担举证证明公司财产独立于其个人财产的责任，如能完成证明义务，则对公司承担有限责任，如不能举证证明，则应对公司债务承担连带责任。因此，一人有限责任公司的债权人既可以当然地向公司主张债权，也可以依据《中华人民共和国公司法》

（2018 年）第六十三条的规定直接向公司的股东主张债权，在债权人向一人有限责任公司的股东主张债权的情况下，股东可以举证证明公司财产独立于其个人财产，以此作为对债权人主张的抗辩。基于以上分析，债权人向债务人公司主张债权的诉讼时效期间的起算点与向债务人公司股东主张债权的诉讼时效期间的起算点是一致的。

笔者认为，虽然《中华人民共和国公司法》（2018 年）规定一人有限责任公司的股东应当举证证明公司财产独立于股东财产，但一人有限责任公司与其股东毕竟是两个独立的、不同的主体，不能当然地认为一人有限责任公司的法人人格是混同的、一人有限责任公司的股东对公司财产承担连带责任，因此，债权人向债务人公司及其股东主张权利的诉讼时效期间的起算点也不应当然一致，而应当严格依照《中华人民共和国民法典》关于诉讼时效制度的规定，以及公司法关于一人有限责任公司的股东举证责任的规定，确定债权人向一人有限责任公司的股东主张权利的诉讼时效期间的起算点为债权人知道或者应当知道一人有限责任公司的财产不独立于股东自己的财产之时，并由股东举证证明债权人何时知道上述事实。

本案中，中建某公司在二审审理过程中提交的具备资质的第三方审计机构作出的《审计报告》起到了关键性的证明作用，能够证明某建设公司财产与中建某公司财产相互独立。因此，中建某公司作为一人股东不应对一人公司的债务承担连带责任。

第四章　公司解散和清算责任问题

六、账册形式齐备应是公司能够进行清算的证明标准

【关键词】清偿责任　账册齐备　证明标准

【裁判规则】

> 债权人初步举证证明公司无法清算后，清算义务人应对公司能够进行清算承担举证责任。如清算义务人提供了形式齐备的账册后，应视为公司能够清算，可判决驳回债权人的诉讼请求。债权人申请清算后如有新证据可申请再审或者重新起诉。

【基本事实】

某公司系成立于 2004 年 3 月 29 日的有限责任公司，目前公司股东有丁某、刘某、肖某。2009 年法院判决某公司返还大连某公司 150 万元。因某公司暂无可供执行财产线索，法院依法终结本次执行程序。2010 年 12 月 20 日，北京市工商行政管理局①西城分局依据相关法律法规，对某公司作出吊销营业执照的行政处罚决定。2018 年，大连某公司提起本案诉讼，要求丁某对某公司的 150 万元债务承担连带清偿责任。一审法院认为，某公司在吊销营业执照前已无可供执行的主要财产。现大连某公司不能提供有效证据证明丁某因怠于履行义务，导致公司主要财产、账册、重要文件等灭失，无法进行清算，一审法院驳回了大连某公司的诉讼请求。二审中，丁某向法院提交了某

---

① 现为北京市市场监督管理局，下同。

公司形式齐备的账册明细，其认为，某公司能进行清算，丁某不应对某公司的债务承担连带责任。

【观点分歧】

观点一：执行终结意味着公司主要财产已经灭失，股东怠于清算行为与公司主要财产灭失，导致公司无法清算之间没有因果关系，股东不应承担清偿责任。

观点二：公司股东提供了某公司形式齐备的账册明细；在此情况下，举证责任发生转移，债权人应继续对标的公司无法清算的事实承担举证责任。

【裁判理由】

北京市丰台区人民法院一审判决认为：

公司股东应在公司被吊销营业执照后及时组织清算。某公司作为有限责任公司，其全体股东在法律上应成为公司的清算义务人。大连某公司曾于2009年向西城区人民法院申请强制执行生效判决，西城区人民法院在执行中，查找被执行人某公司的下落，该公司已不正常经营。经查询，被执行人某公司无大额存款记录，且该公司账户为长期不动户。现大连某公司亦不能提供某公司其他可供执行的财产线索。法院认为，因被执行人某公司暂无可供执行财产线索，据此，裁定终结（2009）西民初字第＊＊号民事判决书的本次执行程序。某公司被工商行政管理局吊销营业执照的时间是2010年12月20日。以上事实表明，某公司在吊销营业执照前已无可供执行的主要财产。现大连某公司不能提供有效证据证明本案丁某因怠于履行义务，导致公司主要财产、账册、重要文件等灭失，无法进行清算，故一审法院对大连某公司要求丁某对公司债务承担连带清偿责任的诉讼请求不予支持，判决驳回大连某公司的诉讼请求。

大连某公司不服一审法院判决，向北京市第二中级人民法院提起上诉。

北京市第二中级人民法院二审判决认为：

《最高人民法院关于民事诉讼证据的若干规定》①（2008 年）第二条规定："当事人对自己提出的诉讼请求所依据的事实或者反驳对方诉讼请求所依据的事实有责任提供证据加以证明。没有证据或者证据不足以证明当事人的事实主张的，由负有举证责任的当事人承担不利后果。"丁某于二审期间向法院提交了某公司的相应账册，欲证明某公司能够进行清算，本院对丁某提交的某公司相应账册的真实性予以确认。本案中，丁某提供了形式齐备的账册明细，在此情况下，现有证据不能证明某公司无法进行清算，本院对大连某公司要求丁某承担连带责任之上诉主张不予支持。判决驳回上诉，维持原判。

【法官评析】

通常情况下，有限责任公司的股东对公司的债务不承担连带责任。为兼顾债权人利益的保护，公司法规定了在特殊情况下，特别是人格混同的情况下，公司股东需要对公司的债务承担连带责任。根据《最高人民法院关于适用〈中华人民共和国公司法〉若干问题的规定（二）》[以下简称《公司法司法解释（二）》（2020 年）]第十八条第二款的规定，公司股东怠于履行清算义务，导致公司主要财产、账册、重要文件灭失，无法进行清算的，需要对公司的债务承担连带责任。实践中该责任被简称为股东清偿责任，在性质上属于因股东怠于履行清算义务致使公司无法清算所应当承担的侵权责任。根据九民商会议纪要的精神，对怠于履行清算义务、因果关系的认定进行了规定，但对于无法清算或者能够清算的标准认定并没有过多涉及，实践中还存在较大争议。本文将结合举证责任分配原则对该问题进行讨论。

根据《公司法司法解释（二）》（2020 年）第十八条第二款的规定，公司股东怠于履行清算义务，导致公司主要财产、账册、重要文件灭失，无法进行清算的，需要对公司的债务承担连带责任。实践中该责任被简称为股东

---

① 根据《最高人民法院关于修改〈关于民事诉讼证据的若干规定〉的规定》，该规定 2019 年 12 月 25 日修改，下同。

清偿责任，在性质上属于因股东怠于履行清算义务致使公司无法清算所应当承担的侵权责任。根据九民商会议纪要的规定，对怠于履行清算义务、因果关系的认定以及诉讼时效问题进行了规定，但实践中还有很多问题留下了讨论空间。

一、公司股东同时为公司债权人的，是否能够主张相应权利

《最高人民法院关于审理公司强制清算案件工作座谈会纪要》第二十九条规定："债权人申请强制清算，人民法院以无法清算或者无法全面清算为由裁定终结强制清算程序的，应当在终结裁定中载明，债权人可以另行依据《公司法司法解释（二）》第十八条的规定，要求被申请人的股东、董事、实际控制人等清算义务人对其债务承担偿还责任。股东申请强制清算，人民法院以无法清算或者无法全面清算为由作出终结强制清算程序的，应当在终结裁定中载明，股东可以向控股股东等实际控制公司的主体主张有关权利。"由上，股东可以诉请清算赔偿责任或清算清偿责任，但依责任性质和公司类型的不同而有所区别。

《公司法司法解释（二）》（2020年）第十八条第一款规定，有限责任公司的股东、股份有限公司的董事和控股股东未在法定期限内组成清算组开始清算，应对债权人主张的债权在造成公司财产减少的范围内承担赔偿责任。该款的法律依据是《中华人民共和国公司法》（2018年）第二十条第二款，公司股东滥用股东权利给公司或者其他股东造成损失的，应当依法向其他股东承担赔偿责任。清算赔偿责任是因具体侵权行为产生的补充性赔偿责任。有限责任公司股东、股份有限责任公司非控股股东有权向公司的实际清算人诉请清算赔偿责任；但有限责任公司的股东因其同时是公司法规定的清算义务人，其不得以此对抗公司的外部债权人。

《公司法司法解释（二）》（2020年）第十八条第二款规定，有限责任公司的股东、股份有限公司的董事和控股股东因怠于履行义务，导致公司主要财产、账册、重要文件等灭失，无法进行清算的，对公司债务承担连带清偿责任。该款法律依据是《中华人民共和国公司法》（2018年）第二十条第三款的规定，公司股东滥用公司法人独立地位和股东有限责任，逃避债务，严重损害公司债权人利益的，应当对公司债务承担连带责任，即公司法人人格否认制度。有限责任公司的股东对公司负有清算责任，其起诉公司控股股东、实际控制人承担清算赔偿责任，需证明自己无过错且被告系公司无法清算的直接责任人（如公司账册系被告掌管并毁损、被告与公司人格混同等）。股份有限责任公司的非控股股东，其对公司无清算义务，可以起诉公司董事、控股股东承担清算赔偿责任。

二、适用《公司法司法解释（二）》（2020年）第十八条第二款是否需要以启动清算程序为前提

笔者认为，该条款中的"怠于履行义务"，既包括怠于履行依法及时启动清算程序进行清算的义务，也包括怠于履行妥善保管公司财产、账册、重要文件等的义务，但落脚点在于"无法进行清算"，即由于股东等清算义务人怠于履行及时启动清算程序进行清算的义务，以及怠于履行妥善保管公司财产、账册、重要文件等义务，导致公司清算所必需的公司财产、账册、重要文件等灭失而无法进行清算。此处的"无法清算"只是一个需要由证据来证明的法律事实问题，不以启动清算程序为前提。[①] 只要债权人能够举证证明由于股东等清算义务人怠于履行义务，导致公司主要财产、账册、重要文件等灭失，无法进行清算即可。这里主要是举证责任分配和事实认定问题。如果债权人无法自行举证证明债务人公司"无法清算"的，可以先行向人民法院申请对债务人公司进行破产清算或者强制清算。人民法院依法受理债权人的破产清算申请或者强制清算申请后，由于债务人公司"人去楼空"无人提交，或者债务人公司的有关人员拒不向人民法院提交，或者提交不真实的

[①]　刘敏：《公司法司法解释（二）第十八条第二款的理解与适用》，转自最高人民法院民事审判第二庭编：《公司案件审判指导》，法律出版社2014年版，第612~613页。

财产状况说明、债务清册、债权清册、有关财务会计报告以及职工工资的支付情况和社会保险费用的缴纳情况，人民法院以无法清算或者无法依法全面清算为由裁定终结破产清算程序或者强制清算程序的，债权人可以依据人民法院作出的终结裁定另行向人民法院提起诉讼，请求判决股东等清算义务人对公司债务承担连带清偿责任，① 人民法院可以根据破产清算和强制清算中作出的无法清算和无法依法全面清算的裁定，径行认定债务人公司无法清算，而无须债权人再行举证，即人民法院作出的无法清算和无法依法全面清算的终结裁定具有当然、充分的证据效力。

股东怠于履行清算义务的认定。有一段时间里，司法实践中对怠于履行清算义务的认定存在较大的争议，一种观点认为只要股东没有成立清算组，推动清算工作的开展，就可以认定股东怠于履行清算义务。另一种观点认为股东作为清算义务人成立了清算组，但没有进行实质上的工作推动，此种情况下才构成怠于履行清算义务。笔者认为这两种观点都不全面，应该从"能而不为"的角度去认定股东是否怠于履行清算义务。《全国法院民商事审判工作会议纪要》第十四条规定，《公司法司法解释（二）》（2020年）第十八条第二款规定的"怠于履行义务"，是指有限责任公司的股东在法定清算事由出现后，在能够履行清算义务的情况下，故意拖延、拒绝履行清算义务，或者因过失导致无法进行清算的消极行为。股东举证证明其已经为履行清算义务采取了积极措施，或者小股东举证证明其既不是公司董事会或者监事会成员，也没有选派人员担任该机关成员，且从未参与公司经营管理，以不构成"怠于履行义务"为由，主张其不应当对公司债务承担连带清偿责任的，

① 《最高人民法院关于审理公司强制清算案件工作座谈会纪要》第二十九条规定："债权人申请强制清算，人民法院以无法清算或者无法全面清算为由裁定终结强制清算程序的，应当在终结裁定中载明，债权人可以另行依据公司法司法解释二第十八条的规定，要求被申请人的股东、董事、实际控制人等清算义务人对其债务承担偿还责任。股东申请强制清算，人民法院以无法清算或者无法全面清算为由作出终结强制清算程序的，应当在终结裁定中载明，股东可以向控股股东等实际控制公司的主体主张有关权利。"

人民法院依法予以支持。

三、债务人公司无法清算的认定

根据《公司法司法解释（二）》（2020 年）第十八条第二款的规定，股东等清算义务人怠于履行义务，导致公司主要财产、账册、重要文件等灭失，无法进行清算的，应当对公司债务承担连带清偿责任。但是上述规定并未明确"无法进行清算"的认定标准，在债务人公司未经破产清算或者强制清算的情况下，是公司主要财产、账册、重要文件全部灭失才可以认定"无法进行清算"，还是只要其中某一项或者某几项灭失就可以认定"无法进行清算"，存在争议。司法实践中，公司因下列七种情形之一导致无法进行清算的，清算义务人对公司债务承担连带清偿责任：（1）在公司注册地、主要营业地查找不到公司机构或清算义务人、主要责任人下落不明；（2）公司主要财产因无人管理或疏于管理而贬值、流失、毁损、灭失；（3）公司注册资金、流动资金、登记资产等查找不到或无法合理解释去向；（4）公司账簿真实性、完整性缺失导致无法据以进行审计；（5）公司重要会计账簿、交易文件灭失，无法查明公司资产负债情况；（6）人民法院因无可供执行财产而裁定终结以公司为被执行人的本次执行程序；（7）人民法院因无法清算或无法依法全面清算而裁定终结强制清算程序。

执行终结意味着在执行程序中没有查找到公司财产，并不能当然认为公司主要财产灭失，实践中隐匿财产的行为并不少见，当然也不能认为公司已经无法清算。最高人民法院指导案例 9 号①对执行终结裁定的效力已经有了明确的认定，其认为只能证明法院在执行程序中未查找到公司的财产，不能证明公司的财产在被吊销营业执照前已全部灭失。尽管九民商会议纪要出台后，对该指导案例的此处认定提出了质疑。笔者认为，执行终结裁定可以佐证股

① 最高人民法院指导案例 9 号，载最高人民法院网站，http：//www. court. gov. cn//shen-pan-xiangqing-13321. html，最后访问时间：2022 年 12 月 26 日。

东的怠于清算的行为与公司主要财产灭失之间没有因果关系，只是公司无法清算的必要条件，不是充分必要条件。《公司法司法解释（二）》（2020年）第十八条第二款明确规定了股东怠于清算的行为不仅导致主要财产、账册和重要文件灭失的情形，更导致公司无法清算的结果，这里面暗含着两层因果关系。现实公司经济交往中广泛存在股权代持、财产代持、应收账款未付等情形，这些情形在执行程序中有时无法查实，需要对公司清算后才能确定财产的有无。也就是说怠于清算的行为即使与主要财产灭失之间不存在因果关系，也无法证明股东怠于清算行为与公司账册和主要文件灭失，公司无法清算之间不存在因果关系。股东是否需要承担清偿责任，关键要看公司能不能清算，与股东怠于清算之间是否具备因果关系。

公司能不能清算属于事实问题，什么情况下认定不能清算或者能够清算则属于证明标准问题，通过司法实践总结，公司是否能够清算的证明标准可以分为四类：一是严格标准，要求账册的形式完备性；二是苛刻标准，不仅要求账册的完备性，还要求公司提交原始凭证；三是推定标准，指公司"人去楼空"或者执行终结的状况；四是严苛标准，即公司能够清算与否，完全依靠清算报告或者法院裁定的认定。公司清算与否需要达到的证明标准不仅涉及诉讼效率问题，更涉及价值选择问题。笔者认为，公司能够清算和无法清算是一个硬币的两面，在诉讼程序上具有重要意义。证明标准的不同，对举证责任的分配和证明路径的选择会产生巨大的影响，在司法实践中，往往也是原被告双方展开激烈争论的地方。

四、无法清算的举证责任

实践中，公司清算与否的证明路径也可以分为四种，一是强制清算前置，二是运用举证责任分配和转换，三是专业审计，四是当事人自认。强制清算前置观点在实践中具有巨大的影响力，该观点总体认为，公司是否能够清算是个专业性极强的问题，法官很难做出准确的判断；对于无法清算的认定，如清算义务人无异议，无须以强制清算程序作为前置程序；如果清算义务人有异议，主张可以清算并提供初步证据时，应当先履行清算程序。专业审计的证明路径在操作程序上与清算前置程序基本相同，当事人自认较为少见，本文不再赘述。

笔者认为，清算前置的证明路径需要解决的是谁来启动清算程序，就是举证责任的分配问题。因此，正如前文所述，证明标准的不同，影响举证责任的转移和分配。在证明标准上应采用推定标准和严格标准相结合的方式，运用举证责任分配和转移。理由是：首先，根据《民事诉讼法》的基本原理，"谁主张、谁举证"，债权应提供初步证据证明公司无法清算。"人去楼空"的情形下，公司管理已然混乱无序，执行终结意味着在执行程序中未找到公司主要财产，在这两种情形下债权人完全有理由推定公司已经无法清算。债权人能够证明前述情形的应视为初步完成举证责任，此时举证责任应转移，由股东承担公司能够清算的责任。其次，对于公司能够清算的证明标准，采用严格标准较为合理。如采用严苛标准，则意味着债权人只有在公司强制清算后才能向股东主张权利，而在诉讼实践中往往需要债权人启动清算程序，无形中增加了债权的诉讼和时间成本。采用公司账册和原始凭证的苛刻标准，也存在不尽合理之处。公司股东基于股东知情权，往往可以获得公司账册副本，但原始凭证不掌握。

采用账册是否形式齐备作为公司能否清算的证明标准可以兼顾债权人和股东的利益平衡。首先，无论是根据释证责任理论还是举证责任理论或者举证的难易程度来看，股东均应向法庭提交公司账册。其次，有利于提高诉讼效率。采用账册是否形式齐备作为公司能否清算的证明标准，可以回避强制清算所带来的审理周期过长的困扰。再次，民事案件在证明标准上采取了盖然性的证明标准。如果股东无正当理由连公司完整账册都不能提供，那公司就有经营不规范、无法清算的可能性。在北京第二中级人民法院审理的案件中，目前还未出现股东不能提供账册、法院判决股东承担责任后，公司还能够清算的情形。最后，债权人败诉后，仍有救济途径，债权人败诉后可以申请对公司进行清算，如果清算后公司确实不能清算，债权人可以对原案提起再审或者重新提起诉讼。

综上所述，笔者认为，该类案件的总体审理思路是债权人初步举证证明公司无法清算后，清算义务人应对公司能够进行清算承担举证责任。如清算义务人提供了形式齐备的账册，则驳回原告诉讼请求。原告申请清算后如有新证据可申请再审或者重新起诉。

七、股东承担清算责任须以清算事由存续为前提

【关键词】 清算责任　经营期限　清算事由

【裁判规则】

> 有限责任公司章程规定的经营期限届满，公司股东未在法定的期限内进行清算，而是通过修改公司章程延长公司经营期限。此种情况下，造成公司清算的解散事由已经不存在，股东无须再对公司进行清算，债权人要求股东继续承担清偿责任的，人民法院不应支持。

【基本事实】

2007 年 6 月 20 日，北京市第二中级人民法院出具民事调解书，某公司应向某银行丰台支行偿还借款。2015 年 11 月 6 日，北京市第二中级人民法院作出执行裁定书，变更某投资担保中心为申请执行人。2009 年 5 月初，某公司更名为某某公司，公司股东变更为仲甲、仲乙。某公司于 2009 年 5 月 25 日在公司章程中规定：公司的营业期限为 20 年，自公司营业执照签发之日起计算；有下列情形之一的，公司清算组应当自公司清算结束之日起 30 日内向原工商登记机关申请注销登记；公司章程规定的营业期限届满或者公司章程规定的其他解散事由出现，但公司通过修改公司章程而存续的除外……

2014 年 11 月 30 日，某某公司另一名股东仲乙死亡。2017 年 10 月 20 日，某某公司召开 2017 年第一届第二次股东会，形成以下决议：1. 同意增加新股东高某、仲丙。2. 同意原股东仲甲、仲乙退出股东会。3. 公司股东、执行董事仲乙因病于 2014 年 11 月 30 日死亡；根据相关民事调解书及仲乙继承人签订的《股权继承协议书》，经全体股东会议同意，同意股东仲乙将其持有的出资 9300000 元转让给仲丙。4. 同意股东仲甲将其持有的出资 21700000 元转

让给高某。5. 同意免去仲乙的执行董事职务。6. 同意免去仲甲的监事职务。7. 同意修改公司章程。同日，某某公司召开股东会会议，公司新股东仲甲、高某达成以下股东会决议内容：1. 同意公司住所变更为×××。2. 同意公司经营期限变更为40年。3. 同意由高某、仲丙组成新的股东会……6. 同意修改公司章程。修改后的《某某公司章程》第二十三条规定：公司的营业期限为40年，自公司营业执照签发之日起至2036年12月12日止。此后，某某公司对上述事项进行了工商变更登记。后某投资担保中心起诉请求仲甲对民事调解书确认的本金及利息债务承担连带清偿责任。

【观点分歧】

本案是有限责任公司章程规定的经营期限届满，公司股东未在法定的期限内进行清算，而是通过修改公司章程延长公司经营期限，当造成公司清算的事由不存在时，公司股东是否仍对公司债务承担清偿责任？

【裁判理由】

北京市丰台区人民法院一审判决认为：

股东对公司债务承担连带责任的前提条件，其一是公司出现解散事由并确已解散；其二是股东、清算义务人未在法定期限内成立清算组进行清算；其三是未及时清算造成了法定的后果。本案中，原某某公司章程虽然规定公司的营业期限截至2016年12月12日，但此后某某公司通过修改公司章程而继续存续。尽管某某公司解散事由曾经出现，但在诉讼过程中该解散事由已经消失。在某某公司仍在正常经营的情况下，是否不能清算，需要某投资担保中心通过其他程序予以确认，而非径行起诉股东。因此，鉴于本案情况，某投资担保中心依据《中华人民共和国公司法》（2013年）第一百八十三条规定要求仲甲承担对公司债务的连带清偿责任，已不具有相应的法律依据。判决驳回某投资担保中心的诉讼请求。

某投资担保中心不服一审判决，向北京市第二中级人民法院提起上诉。

北京市第二中级人民法院二审判决认为：

根据一审查明的事实，某某公司通过修改公司章程使公司继续存续经营，解散事由已经消失，进而股东基于公司解散需承担的清算义务不复存在。故某投资担保中心依据《中华人民共和国公司法》（2013 年）第一百八十三条规定要求仲甲承担对公司债务的连带清偿责任，已不具有相应的法律依据和事实依据。二审中某投资担保中心认为，仲甲作为某某公司股东对公司实际经营期间存在非法经营行为给公司造成损害，同时签订了两份股权转让协议，属于滥用股东权利行为。根据法律的规定，公司的高级管理人员违反忠实勤勉的义务，对公司应当承担赔偿责任。某投资担保中心未提供证据证明仲甲的财产与公司的财产存在混同情形。关于两份股权转让协议问题，仲甲陈述最后一份协议是为了履行第一份协议的变更登记义务而签订的，具有合理性。故现有证据不足以证明仲甲存在滥用公司法人独立地位和股东有限责任，逃避债务，严重损害公司债权人利益的情形。二审判决驳回上诉，维持原判。

【法官评析】

有限责任公司作为法人，具有自己的独立人格。股东投资成立有限责任公司，当履行完毕相应的财产转移手续后，股东的投入就变成了公司的财产。公司以全部财产为限对外承担责任，股东以其认缴的出资额为限对公司承担责任。股东有限责任在某种程度上起到了鼓励投资、促进资本流动的作用，但在减少投资人风险的同时，却容易把公司的经营风险转移给外部债权人。股东有限责任制度是现代公司制度的核心，但并不是绝对的、无条件的，超出了合理的限度，股东的有限责任就应该受到限制。因此，在公司法相关规则制定中须建立股东义务承担及不履行义务的责任机制，以此来平衡股东权利和债权人利益的保护。

根据《中华人民共和国公司法》（2018 年）第一百八十条、第一百八十三条的规定，包括公司章程规定的营业期满等事由出现时，公司应当解散，停止经营活动并开始进行清算。目前司法实践中，众多公司解散后应当清算而不进行清算，甚至故意借解散之际逃避债务，转移资产，严重损害了债权人的利益，在此种情况下，必须不能免除公司股东的义务。由于有限责任公司股东人数较少、人合性较强，有限责任公司全体股东是公司解散后的清算义务人。在公司解散事由出现之日起 15 日内，股东须成立清算组对公司进行清算。公司解散是公司清算的前提，公司清算是过程，公司注销是结果。

在公司解散事由出现后，债权人往往会要求有限公司的股东对公司的债务承担清偿责任，理由是股东怠于清算导致公司主要财产、账册、重要文件等灭失导致公司无法进行清算。从逻辑结构来讲，股东怠于履行清算义务是股东承担清偿责任的前提，股东构成怠于清算的条件是公司应该进行清算，而公司应当清算的前提是公司解散原因的出现。本案中，由于公司通过修改章程而存续，公司应当进行清算的解散事由已经不存在，公司债权人要求股东承担清偿责任的基础灭失，公司债权人应继续向公司主张相应的债权，特殊情况下可按照出资加速到期的规定主张权利。① 同时，单凭公司股东召开股东会议，修改公司章程，延长公司经营期限，不能视为股东在滥用公司独立地位和股东有限责任。因此，法院终审驳回了原告的诉讼请求。

---

① 《全国法院民商事审判工作会议纪要》第六条规定："在注册资本认缴制下，股东依法享有期限利益。债权人以公司不能清偿到期债务为由，请求未届出资期限的股东在未出资范围内对公司不能清偿的债务承担补充赔偿责任的，人民法院不予支持。但是，下列情形除外：（1）公司作为被执行人的案件，人民法院穷尽执行措施无财产可供执行，已具备破产原因，但不申请破产的；（2）在公司债务产生后，公司股东（大）会决议或以其他方式延长股东出资期限的。"

第三编　仲裁编

一、违反法定程序撤销仲裁裁决的认定标准

【关键词】 书面审理　违反程序　撤销仲裁

【裁判规则】

> 仲裁庭只有在当事人明示放弃开庭或同意仲裁庭不必开庭决定的情况下，方可书面审理当事人新增加的诉讼请求。仲裁庭在未明确征得当事人同意不开庭审理的前提下，以书面方式完成案件的审理，违反了法定程序，未给予当事人进行充分的当庭陈述的机会，对当事人的合法权利可能会产生重大影响，存在可能影响案件正确裁决的情形，该仲裁裁决应予撤销。

【基本事实】

2010 年 1 月 31 日，某能源公司与某能源工程公司签订了《加工合同》，同年 7 月 28 日签订了转让协议，某能源工程公司将《加工合同》的权利和义务转让给某某工程公司。2010 年 11 月 5 日某能源公司与某某工程公司签订了《补充合同》。后，双方发生争议，仲裁庭于 2012 年 11 月 14 日受理某某工程公司的仲裁申请。2013 年 3 月 11 日仲裁庭向双方发出了开庭通知。2012 年 6 月 30 日，某能源公司向某某工程公司发出通知函，要求解除《补充合同》；2013 年 1 月 20 日，某能源公司向某某工程公司发出通知函，要求部分解除《加工合同》。

根据 2013 年 4 月 19 日庭审笔录记载，某某工程公司当庭增加仲裁请求，请求确认某能源公司发出的解除《补充合同》及部分解除《加工合同》的行为无效。虽然某能源公司拒绝对某某工程公司当庭新增仲裁请求进行当庭答辩，但表示陈述答辩意见可见答辩状及补充答辩意见并且同意对于对方提交的证据材料可以采用书面的质证方式；仲裁委秘书局在 2013 年 5 月 27 日向某能源公司发出通知，告知仲裁庭已经受理了某某工程公司增加的仲裁请求并要求某能源公司在接到通知后 15 日内做出答辩。某能源公司于 2013 年 6 月 13 日、6 月 30 日对新增的请求进行了书面答辩。2013 年 5 月 14 日、8 月 16 日、9 月 16 日仲裁委秘书局做出了延期仲裁的通知。2013 年 6 月 26 日仲裁委秘书局向双方发出通知，告知了补充意见提交的截止期限，明确指出了逾期提交除非仲裁庭认为有必要，将不再接受当事人提交的任何补充书面意见。仲裁委秘书局在 2013 年 8 月 5 日收到某某工程公司补充意见后，于 16 日发出通知，及时将某某工程公司逾期提交的补充意见与某能源公司进行了交换并给予某能源公司提交补充意见的时间。

最后，仲裁庭做出如下裁决：某能源公司对《补充合同》的单方面解除行为无效；某能源公司对《加工合同》的单方面部分解除行为无效；某能源公司向某某工程公司支付 2011 年度调整的氢气加工费共计人民币 23944598.42 元；某能源公司向某某工程公司支付 2012 年 1 月至 9 月的预付款共计人民币 20172747.88 元；某能源公司向某某工程公司支付 2011 年度调整的氢气加工费截至 2012 年 10 月的逾期利息共计人民币 1090940.23 元；某能源公司向某某工程公司支付律师费人民币 500000 元；驳回某某工程公司的其他仲裁请求。

【观点分歧】

仲裁庭在未明确征得某能源公司同意不开庭审理的前提下，以书面方式完成了对某某工程公司新增仲裁请求申请的审理，未给予某能源公司对此请求进行充分的当庭答辩机会，该情形是否违反了法定程序，是否对当事人的合法权利可能会产生重大影响，仲裁裁决是否应予撤销？

【裁判理由】

北京市第二中级人民法院经审理认为：

《最高人民法院关于适用〈中华人民共和国仲裁法〉若干问题的解释》（以下简称《仲裁法司法解释》）第二十条规定："仲裁法第五十八条规定的'违反法定程序'，是指违反仲裁法规定的仲裁程序和当事人选择的仲裁规则可能影响案件正确裁决的情形。"《中华人民共和国仲裁法》第三十九条规定："仲裁应当开庭进行。当事人协议不开庭的，仲裁庭可以根据仲裁申请书、答辩书以及其他材料作出裁决。"《某仲裁委员会仲裁规则》（2012年）①［以下简称《仲裁规则》（2012年）］第三十三条第一款第二项规定："仲裁庭应开庭审理案件，但双方当事人约定并经仲裁庭同意或仲裁庭认为不必开庭审理并征得双方当事人同意的，可以只依据书面文件进行审理。"根据前述法律的规定，仲裁开庭是仲裁庭审理案件的重要环节，特别是对当事人关键仲裁请求的审理，应当通过开庭进行，给予当事人充分陈述的机会。只有在当事人明示放弃开庭或同意仲裁庭不必开庭决定的情况下，方可书面审理。某仲裁委员会出具受理林德公司变更请求的通知后，未再次开庭审理，且无证据证明其曾就不开庭审理事项征得双方当事人的同意，从而存在可能影响案件正确裁决的情形。北京市第二中级人民法院依照《中华人民共和国仲裁法》第五十八条第一款第三项、《仲裁法司法解释》第二十条的规定，裁定撤销某仲裁委员会的仲裁裁决。

【法官评析】

《中华人民共和国仲裁法》第五十八条第一款规定了国内仲裁案件可以撤销的六种情形。根据仲裁法及相关司法解释的规定，法院审理申请撤销仲

---

① 该规则已于 2014 年修改，下同。

裁裁决案件，在行使司法审查权时一般情况下不对裁决进行实体审查。根据《中华人民共和国仲裁法》第五十八条第一款第三项规定，仲裁庭的组成或者仲裁的程序违反法定程序的，当事人可以申请法院撤销仲裁裁决。《仲裁法司法解释》第二十条规定："仲裁法第五十八条规定的'违反法定程序'，是指违反仲裁法规定的仲裁程序和当事人选择的仲裁规则可能影响案件正确裁决的情形。"根据前述规定，只有仲裁庭作出的仲裁裁决违反仲裁程序和当事人选择的仲裁规则且可能影响案件正确裁决的时候才适度介入对仲裁裁决实体问题的审查。

根据《仲裁规则》（2012 年）第三十三条第一款第二项规定："仲裁庭应开庭审理案件，但双方当事人约定并经仲裁庭同意或仲裁庭认为不必开庭审理并征得双方当事人同意的，可以只依据书面文件进行审理。"因此，开庭审理案件的重要环节，特别是对当事人关键仲裁请求的审理，应当通过开庭进行，给予当事人充分陈述的机会。只有在当事人明示放弃开庭或同意仲裁庭不必开庭决定的情况下，方可书面审理。某某工程公司在 2013 年 4 月 19 日仲裁庭开庭审理本案时，当庭增加了确认某能源公司发出的解除《补充合同》及部分解除《加工合同》行为无效的请求，某能源公司当庭拒绝进行答辩。此种情形下，某某工程公司增加的仲裁请求，关系着《加工合同》《补充合同》的履行走向，会对当事人的权利和义务产生重大影响，仲裁庭开庭审理应对该问题进行密切关注。特别是，在某能源公司拒绝当庭答辩的情况下，仲裁庭应该明确征询当事人是否同意不再对此项仲裁请求进行开庭审理，根据仲裁庭的庭审记录，未显示仲裁庭对增加的请求是否开庭审理进行了明确的询问。虽然，根据仲裁庭的庭审笔录记载，某能源公司同意书面答辩，但根据笔录记载的内容来看，书面答辩的具体指向不明，而且当事人同意书面答辩亦不等同于同意仲裁庭不进行开庭审理。仲裁庭没有开庭审理某某工程公司增加的仲裁请求实际上造成没有充分听取某能源公司的辩论意见，对相关证据也没有进行充分的质证，在结果上必然会对裁决的实体问题产生影响。

从案件的实体处理上看，仲裁庭在裁决中认定了《加工合同》以及《补充合同》的性质是承揽合同，根据《中华人民共和国合同法》第二百六十八条①规定，定作人在承揽人完成工作前可以随时解除合同，造成承揽人损失的，应当赔偿损失。这是法律赋予当事人的任意解除权，即某能源公司可以以赔偿某某工程公司的损失为代价解除双方签订的合同。仲裁庭认为《中华人民共和国合同法》第二百六十八条是强制性规范②，双方不可以排除适用。《加工合同》15.2、15.3列举了某能源公司解除该合同的情形，但这些约定只是规定了在符合某种情形下某能源公司可以解除合同，这只是双方对自身权利义务做出的一种约定，并不能说当事人只有在上述约定条件符合的情形下才能解除合同，更不能说该解除合同的约定条件排除了定作人的任意解除权。仲裁庭将定作人的解除权限定在合同约定的情形，否定了定作人的任意解除权属于对法律理解有误。现行《中华人民共和国民法典》第七百八十七条的规定与《中华人民共和国合同法》第二百六十八条的规定一致。

综上，本案中，仲裁庭在未明确征得某能源公司同意不开庭审理的前提下，以书面方式完成了对某某工程公司新增仲裁请求的审理，未给予当事人对此请求进行充分的当庭陈述的机会，该情形违反了《仲裁规则》（2012年）程序性的规定，并且对当事人的合法权利产生了重大影响，应该撤销该仲裁裁决。本案仲裁裁决符合《中华人民共和国仲裁法》第五十八条第一款第三项、《仲裁法司法解释》第二十条规定的情形。

---

① 对应《中华人民共和国民法典》第七百八十七条，下同。

② 该观点在理论上存在争议，实务中多持有本文观点。

二、申请人以被申请人隐瞒证据为由申请撤仲的裁判标准

【关键词】 隐瞒证据 撤销仲裁

【裁判规则】

> 在当事人未提出申请的情况下，法院一般不得主动介入对仲裁裁决的司法审查，特别是对仲裁裁决实体的审查。申请人应承担"对方当事人隐瞒了足以影响公正裁决的证据"的举证责任，如被隐瞒证据属于仲裁案件的关键证据，若不进入仲裁程序，仲裁结果会受到影响，并可能导致裁决明显不公的，则可以认定对方当事人隐瞒了足以影响公正裁决的证据。

【基本事实】

2011 年 2 月某文化发展有限公司与某信息技术有限公司签订了《委托筹办合同》，合同约定，由某文化发展有限公司为某信息技术有限公司布置、策划展会，某信息技术有限公司应支付相应的价款。某文化发展有限公司认为其依约履行了合同义务，但某信息技术有限公司分文未付。故于 2012 年 6 月依据合同向××仲裁委员会提出了仲裁申请，请求某信息技术有限公司支付相应的合同价款。

××仲裁委员会做出××60 号仲裁裁决，认为某文化发展有限公司没有提供证据证明双方存在真实的合同关系，驳回了某文化发展有限公司的请求。某文化发展有限公司认为，某信息技术有限公司隐瞒了《委托筹办合同》已实际履行以及不间断到对方公司催要欠款方面的证据，且某信息技术有限公司隐瞒的证据足以影响公正裁决，故请求法院撤销该仲裁裁决。某信息技术有限公司认为，由于双方在价款方面存在争议《委托筹办合同》并没有实际履行，而且也不存在某文化发展有限公司每年不间断到公司办公地点主张权

利的情况，故请求法院驳回某文化发展有限公司的申请。

【观点分歧】

法院对"对方当事人隐瞒了足以影响公正裁决的证据"的审查标准，是否对实体处理内容进行审查？

【裁判理由】

北京市第二中级人民法院经审查认为：

本案中，某文化发展有限公司认为某信息技术有限公司隐瞒了《委托筹办合同》已实际履行的证据，该证据足以影响公正裁决，但根据该合同的相关约定，如果合同已经实际履行，相关履行的证据某文化发展有限公司也应持有；同时，依据证据规则应由某文化发展有限公司提供证据证明该合同履行的相关证据由某信息技术有限公司持有且该公司隐瞒了相关证据，但在庭审中并没有提供任何证据加以证明。因此，裁定驳回了某文化发展有限公司的撤销仲裁裁决的申请。

【法官评析】

审理申请撤销仲裁裁决案件，法院行使的是《中华人民共和国仲裁法》所赋予的对仲裁的司法监督权。但司法实践中对于撤销仲裁裁决的审查范围存在实体和程序之争，该争论实际是司法和仲裁关系的延伸。从仲裁司法审查的历史发展脉络来看，其经历了初期的完全没有审查——权力集中时期的全面干预——现代司法的有限、适度干预三个阶段。[①] 目前，世界各国及国际公约在承认仲裁司法干预必要性的前提下，大都明确了仲裁必须受到司法的制衡并对司法干预仲裁的范围作出了限定，许多发达国家在司法干预仲裁

[①]　王宝阔：《论国际商事仲裁裁决的适度司法干预》，中国政法大学 2010 年硕士学位论文。

的过程中给予了私权自治更广泛的空间。①

一、司法对仲裁裁决实体审查的有限性

鉴于仲裁具有明显的契约性质以及高效、便捷的特点。在监督模式上，我国采用了"程序+实体"的监督方式。在实体监督方面，根据《中华人民共和国仲裁法》第五十八条的规定，司法审查直接涉及实体事项的包括裁决所依据的证据是伪造的，对方当事人隐瞒了足以影响公正裁决的证据的，以及裁决违反社会公共利益的三种情形，只要不具备前述三种情形，对于实体处理是否公正，仲裁不受司法审查的约束。因此，法院在对实体问题进行审查时应当更加谨慎，应以当事人的申请和证明为前提，法院司法审查的启动和范围应以当事人的申请为限。在当事人未提出申请的情况下，法院一般不得主动介入对仲裁裁决的司法审查。法院不能超出法律规定的范围针对仲裁裁决中举证责任分配、证据的认证、事实的认定等实体处理内容进行审查，避免过度干预仲裁裁决的处理结果。尊重、支持仲裁已在国内仲裁司法审查中成为基本理念。② 从近几十年来各国仲裁立法的发展来看，国家既要对仲裁实行司法控制，又希望能保持仲裁的保密性、迅速性和终局性，一直在这两者之间寻求一种平衡。法院监督作用的着眼点，已从在裁决实体内容上进行监督以维护法律的统一性和公正性转向从仲裁程序上保证仲裁的公平进行。

二、隐瞒了足以影响公正裁决的证据的举证责任

本文重点讨论的是对方当事人隐瞒了足以影响公正裁决的证据的这种情形。依照《中华人民共和国仲裁法》第五十八条第一款第五项的规定，"对方当事人隐瞒了足以影响公正裁决的证据的"属于可撤销的理由。上述规定

---

① 例如，比利时、瑞士、瑞典、突尼斯等国的法律已经允许在特定的情况下当事人协议排除国内法院的司法监督权。参见于喜富：《国际商事仲裁的司法监督与协助——兼论中国的立法与司法实践》，知识产权出版社 2006 年版，第 463 页。

② 章杰超：《论仲裁司法审查理念之变迁——以 N 市中院申请撤销国内仲裁裁决裁定为基础》，载《当代法学》2015 年第 4 期。

从文义上似乎不难理解，但在审判实践中，将上述规定放在当前的证据规则和民事诉讼架构中考察，就会出现当事人是否负有"真实义务"、民事诉讼法规定的"谁主张、谁举证"一般原则在适用中应如何把握的困惑。从实际操作来说，也会遇到"隐瞒证据"应如何认定，其概念和标准如何把握的困难。

笔者认为，《中华人民共和国仲裁法》第五十八条第一款第五项所指的隐瞒证据的形式应以《中华人民共和国民事诉讼法》规定的八种证据形式为准。对于如何认定"对方当事人隐瞒了足以影响公正裁决的证据的"认定问题，我们认为，该条款的适用应符合如下条件：（1）申请人主张的证据是客观存在的；（2）该证据仅为对方当事人所持有；（3）对方当事人实施了故意隐瞒行为；（4）对方当事人故意隐瞒该证据，从而影响了仲裁庭公正裁决。因此，对于隐瞒证据这种撤销审查程序应当是：法院应首先依据当事人的申请及证据审查是否存在隐瞒证据的情形，如果存在，再判断是否对裁决的公正性构成影响。经审查判断，被隐瞒证据属于仲裁案件的关键证据，若不进入仲裁程序，仲裁结果会受到影响，并可能导致裁决明显不公的，则可以认定对方当事人隐瞒了足以影响公正裁决的证据。

三、申请人调查取证的处理规则

需要进一步指出的是，在此类案件审理过程中，申请人往往会申请法院调查取证，法院应如何处理申请人调查取证的申请呢？正如前文所述，法院对仲裁的审查是有限审查，在撤仲程序中应坚持"谁主张、谁举证"的一般原则，否则可能会过多地介入仲裁案件的实体审查。在处理该问题时，我们认为可分为如下步骤操作：（1）在仲裁阶段是否提出过对该证据的调查取证申请；（2）提出调查取证申请的证据是否属于《中华人民共和国民事诉讼法》（2021年）第六十七条规定的情形；（3）该证据是否与撤销理由相关。如果申请人要求法院调查取证的申请，不符合第六十七条的相关规定，该证据不属于法院调查取证的范围且也与其申请撤销仲裁的理由无关，法院应对申请人调查取证的申请不予准许。

本案中,某文化发展有限公司认为某技术有限公司隐瞒了《委托筹办合同》已实际履行的证据,该证据足以影响公正裁决,但根据该合同的相关约定,如果合同已经实际履行,相关履行的证据某文化发展有限公司也应持有;同时,依据证据规则应由某文化发展有限公司提供证据证明该合同履行的相关证据由某信息技术有限公司持有且该公司隐瞒了相关证据,但在庭审中并没有提供任何证据加以证明。因此,法院依法驳回了撤销仲裁裁决的申请。

三、申请人以仲裁庭枉法裁判为由申请撤仲案件的处理

【关键词】 枉法裁判　撤销仲裁

【裁判规则】

> 法院在申请人申请撤销仲裁程序中，无须要求申请人先行启动枉法裁决的刑事程序。而应据仲裁员在主观上是否存在枉法的故意及客观上是否存在违背事实和法律作出裁决的行为这两个要件来判断。如不同时满足上述主、客观要件，则不应认定仲裁员存在枉法裁决行为。

【基本事实】

某保险公司与罗某于 2012 年 5 月签订了保险合同，罗某交纳相应的保险费投保了车辆损失险。保险条款第五条第六项约定，"未经被保险人同意或允许而驾车的"保险公司不负保险责任。2013 年 2 月，罗某的司机张某驾驶该投保车辆外出，在回程的路上撞到路边的护栏上，造成车辆严重损坏，后经保险公司工作人员查验，认为该车已不具有修理价值，依法应该报废。罗某申请某保险公司依据保险合同承担相应的保险责任，赔付投保车辆的损失。某保险公司认为，张某未经罗某的同意私自驾车外出，是造成本次事故的重要原因，根据保险条款第五条第六项约定，其不负保险责任，拒绝了罗某的索赔请求。罗某依据保险合同的仲裁条款向××仲裁委员会提出仲裁申请，请求裁决某保险公司依约承担相应的保险责任。××仲裁委员会作出××41 号仲裁裁决支持了罗某的仲裁请求。某保险公司向法院申请撤销仲裁裁决，其认为，仲裁员在裁决时存在枉法裁决行为。主要表现在对保险条款的理解上，存在故意分拆、曲解的行为，并对案件结果产生了实质性的影响，请求法院撤销××仲裁委员会××41 号仲裁裁决。

【观点分歧】

仲裁员对保险条款作出的理解是否违反保险法规定，构成枉法裁决行为？

【裁判理由】

北京市第二中级人民法院经审查认为：

根据某保险公司的陈述，其公司的保险条款是从保监会①制定的条款中选定的，企业认可该公司的保险条款属于格式条款。《中华人民共和国合同法》第四十一条②规定："对格式条款的理解发生争议的，应当按照通常理解予以解释。对格式条款有两种以上解释的，应当作出不利于提供格式条款一方的解释。格式条款和非格式条款不一致的，应当采用非格式条款。"本案中，双方当事人对保险条款第五条第六项的理解发生争议，按照法律的规定应对保险人做出不利的解释。根据民法的基本原理，行为人做出某种民事行为时，该行为是否发生法律效力取决于权利人的事前同意或事后追认，本案中涉案车辆的驾驶人虽然驾驶车辆前没有获得被保险人的同意，但事后被保险人追认了驾驶人的驾驶行为。仲裁员对保险条款第五条第六项解释没有超出民法的基本原理，不属于枉法裁决行为。因此，裁定驳回了某保险公司的撤销仲裁裁决的申请。

【法官评析】

《中华人民共和国仲裁法》第五十八条第一款第六项规定"仲裁员在仲裁该案时有索贿受贿，徇私舞弊，枉法裁决行为的"是人民法院撤销仲裁庭

---

① 根据 2018 年《国务院机构改革方案》，中国银监会和中国保监会的职责整合，组建中国银行保险监督管理委员会，作为国务院直属事业单位。2023 年 3 月，中共中央、国务院印发了《党和国家机构改革方案》。在中国银行保险监督管理委员会基础上组建国家金融监督管理总局，不再保留中国银行保险监督管理委员会。为尊重历史沿革，本书对部分名称予以保留，以下将不再另外对中国银监会、中国保监会、银保监会的变化进行说明。

② 对应《中华人民共和国民法典》第四百九十八条："对格式条款的理解发生争议的，应当按照通常理解予以解释。对格式条款有两种以上解释的，应当作出不利于提供格式条款一方的解释。格式条款和非格式条款不一致的，应当采用非格式条款。"

裁决的理由之一，但《中华人民共和国仲裁法》及相关司法解释对枉法裁决行为的认定却没有相关规定，处理该问题很棘手的是在刑事上没有对仲裁员作出有罪认定的情况下，民事审判的法官是否可以认定仲裁员枉法裁决，在程序上该如何处理。对于该问题在我们审理过程中存在两种观点：一是要求申请人先申请启动枉法仲裁案的司法程序，在刑事程序有定论后再进行撤仲程序的审理，在申请人启动刑事程序过程中，撤仲程序中止审理；二是民事法官参照适用枉法裁判的构成要件，直接进行实体审查。

笔者赞同第二种观点，理由有两个：一是如果先进行刑事程序，将严重影响仲裁裁决的执行，这样就给那些不诚信的当事人扰乱仲裁秩序以可乘之机，造成对仲裁效率优势的极大冲击，不符合仲裁一局仲裁的效率取向。二是实践中申请人滥用诉权行为情况较为严重。申请人提起撤销仲裁裁决诉讼的目的往往是不愿履行义务或为己方履行义务争取时间、拖延时间、故意使权利人利益落空、损害对方名誉或商业信誉、不正当竞争等，不仅侵害了权利人或第三人的合法权益，拖延诉讼，更是造成了诉讼程序的低效和司法资源的严重浪费。

综上分析，如何对枉法裁决行为进行认定，是正确处理该类案件的关键。笔者认为，应根据仲裁员主观故意和客观危害两个要件相结合作出判断。仲裁员是否具有主观故意时，应当采用主客观相结合的判断标准，并充分考虑到仲裁员专业水平和资格的特殊性进行综合认定。在司法实践中，应当从行为人枉法仲裁的行为是否明显违反仲裁员对法律和仲裁规则的注意义务，违反仲裁员职业所要求其具备的认知常识上进行判断，对于行为人实施了违反上述基本注意义务，进行枉法仲裁的，即使其否认存在主观上的故意，也应当予以推定认定。客观上重点审查仲裁员是否存在故意违背事实和法律作枉法裁决的行为。一是仲裁员存在故意违背事实的行为。如果仲裁员对有确实、充分证据证明的事实不予认定或者对证据不充分的事实予以认定或者伪造、毁灭证据的，就可以认定存在故意违背事实的行为。二是仲裁员存在故意违反法律的行为。在程序上是否违反《中华人民共和国仲裁法》和《仲裁规则》，在实体上没有充分、法定的理由错误适用法律或拒绝适用当事人选定的法律，并作出错误裁判的，应当认定为故意违反法律。

需要特别指出的是在司法实践中，还应当把握仲裁活动的特殊性，对于没有证据表明仲裁员实施了收受贿赂、伪造、毁灭证据等明显违反法律的行为，而是由于证据的采信以及对法律的理解上出现偏差导致仲裁裁决出现错误的，应当不构成枉法裁决。也需要注意把具有一定争议的判决、仲裁员在法律许可范围内的自由裁量权、裁判确定当事人承担权利义务的比例有一定的偏差等实体处理情形与枉法裁决行为区别开来。本案中，双方当事人对保险条款第五条第六项的理解发生争议，该条款属于格式条款，仲裁员按照法律的规定对保险人做出不利的解释，没有超出民法的基本原理，不属于枉法裁决行为。

图书在版编目（CIP）数据

商事案件典型问题审判指引 / 王国才编著 . —北京：
中国法制出版社，2023.11

ISBN 978-7-5216-3960-5

Ⅰ.①商… Ⅱ.①王… Ⅲ.①商法–审判–研究–中
国 Ⅳ.①D923.994

中国国家版本馆 CIP 数据核字（2023）第 213193 号

策划编辑：王熹　　　　　　　责任编辑：王熹　　　　　　　封面设计：李宁

商事案件典型问题审判指引
SHANGSHI ANJIAN DIANXING WENTI SHENPAN ZHIYIN

编著/王国才
经销/新华书店
印刷/三河市紫恒印装有限公司
开本/730 毫米×1030 毫米　16 开　　　　　　　　印张/ 14.5　字数/ 170 千
版次/2023 年 11 月第 1 版　　　　　　　　　　　2023 年 11 月第 1 次印刷

中国法制出版社出版
书号 ISBN 978-7-5216-3960-5　　　　　　　　　　　　　定价：65.00 元

北京市西城区西便门西里甲 16 号西便门办公区
邮政编码：100053　　　　　　　　　　　　　　　　　传真：010-63141600
网址：http：//www.zgfzs.com　　　　　　　　编辑部电话：010-63141790
市场营销部电话：010-63141612　　　　　　　印务部电话：010-63141606

（如有印装质量问题，请与本社印务部联系。）